그림책으로 아이에게 말 걸기

그림책으로

0~5세 발달단계를 격려하는 양육 대화법

아이에게

윤숙희 지음

말 걸기

한국그림책심리학회장
그림책심리성장연구소
김영아 감수

심리학 교수 노안영·상담학 박사 오제은 추천

이야기공간

프롤로그

아이와 진심으로 소통하고 싶다면
그림책으로 말 걸기를

"아들(딸)아, 머리가 아닌 가슴으로 살아라.
가슴으로 꼭 그렇게 살아야 한다.
그게 진짜 사는 거란다.
그것만이 진실이다.
그것만이 사람이 살아야 할 길이다."
-《오제은 교수의 자기 사랑 노트》에서

어린 나이에 어린이집 원장이 되었다.

아이들을 좋아한다는 이유로 시작한 도전이지만, 그 여정은 결코 쉽지 않았다. 아이의 안전사고로 병원으로 달려갔던 순간, 학부모의 민원에 대응하느라 고군분투했던 시간들 속에서 여러 번 포기하고 싶었다. 무엇보다 가장 나를 낙담하게 만든 것은 아이들의 마음을 제대로 헤아리지 못한 수많은 일상이었다. 그런데도 아이들의 순수한 미소와 웃음이 주는 기쁨과 보람이 오늘의 나를 있게 해주었다.

'아는 만큼 보인다'는 말이 있는데 철이 좀 들고 보니 오히려 '사랑하는 만큼 보인다'는 말이 더 정확한 것 같다. 사랑하면 머리가 아닌 가슴, 즉 마음으로 사람과 세상을 바라보게 되고, 그리하면 이해도 되고 웅크리고 있던 내 마음이 따듯하고 여유로워지는 것이다.

마음을 더 잘 쓰기 위해 사람에 대한 전문지식이 필요했고, 만학의 길로 들어서서 상담심리학을 공부한 지 벌써 10년이 흘렀다. 그사이 강단에도 서고, 배우고 가르치는 시간을 통해 나를 들여다보며 무엇을 위해 살아야 하는지도 깨달았다.

어느 날, 내 부모교육 강의를 듣던 학생 한 분이 이 내용을 책으로 펴내면 좋겠다고 제안했다. 이에 힘입어 4년 동안 경험과 생각을 차곡차곡 정리하며 보완해 글로 엮어, 책으로 출간하게 되었다.

🌱 나를 위해 쓰다가 아이들을 생각하며 새긴 글들

　이 책은 우선 '나를 위해서' 쓰기 시작했다. 부모를 비롯해 양육을 위임받은 나와 같은 사람들이 아이를 더욱 존중하고 인간의 존엄을 위해 노력한다면, 그리고 이런 사람들이 주위에 넘쳐난다면 너무 행복할 것 같았다.

　나는 힘든 어린 시절을 보냈다. 넉넉지 않은 가정 형편과 부모의 불화로 아이로서 보호받지 못하며, 늘 내 뜻대로가 아닌 부모와 환경에 휘둘렸다. 그로 인해 경직되고 위축된 마음은 성격으로 나타났고, 그런 내 모습을 보며 어린 시절의 경험이 한 사람의 삶과 성격에 엄청난 영향을 미침을 알았다. 어릴 적 상처로 생긴 문제를 해결하고 나서 유연하고 쾌활한 나로 회복되기 위해 많은 시간과 비용을 들여야 했다. 무엇보다 심리학을 공부하며 아이는 아이다워야 하고 그렇게 자라도록 보호받아야 함을 절실히 깨달았다. 나는 그러지 못했기에, 무의식에 남아 아이를 돌보는 일로 승화되어 지금의 나의 길로 이끌었는지도 모른다.

　글을 쓰며 욕심이 생겼다. 이 책이 아이를 돌보는 교사에게는 참고자료가 되고, 아이 양육을 고민하는 부모에게는 지침서가 되면 좋겠다. 특히나 처음 육아를 시작하는 부모에게 양육의 우선순위와 방법을 이해하는 기회가 되었으면 좋겠다. 어린이집에서 일어나는 소소하고 잔잔한 일상이지만 교사와 부모가 공유하며 소중한 우리 아이들의 마음과 가치들이 지켜지길 바란다.

🌱 그림책과 함께하는 부모교육

　처음 심리학 공부를 시작할 때는 아이들을 잘 보육하고 안전하게 지키는 것 이상의 도움을 주고 싶었다. 그 마음에서 한 발 더 나간 것이 바로 부모교육이다. 자동차를 운전하려면 필기시험과 실기시험을 통해 운전면허를 따야 하듯, 부모가 되기 위해서도 준비와 교육이 필요하다는 생각에서 부모교육을 10년 넘게 지속해오고 있다. 여태껏 전해왔던 부모교육의 내용이 이 책에 담겼다.
　이 책은 크게 네 가지 주제로 이루어져 있다.
　첫 번째 부분은, 표현이 서툰 아이 마음을 알아차리고, 그에 맞는 공감과 육아 방법에 관한 이야기이다. 아이의 말 속에 담긴 감정과 욕구가 무엇인지를 알면 의외로 답은 간단하다. 그러나 아이의 욕구를 모르고 단순히 떼를 쓰는 걸로 이해하고 버릇을 고치겠다거나 양육자의 의견만 내세우면 아이는 더 떼를 쓰거나 좌절한다. 이럴 때 "너의 마음은 어때?"라고 물어보거나, "그랬구나, 그래서 그런 거였구나!"로 공감해주면 신기할 정도로 문제가 해결된다. 우리는 의외로 상황에 맞는 안전하고 적절한 말을 할 줄 몰라 관계가 깨지고는 한다. 우리가 사용하는 말은 'To talk'가 대부분인데 이것은 엄마가 아이에게, 아이가 엄마에게 하는 일방향적 대화법이다. 그러나 우리가 원하는 대화는 서로가 서로의 욕구와 감정을 나누는 'With talk'이어야 서로 간에 안정감을 느낀다.

두 번째는, 마음이 베인 아이에게 말 걸기이다. 양육을 마땅히 받아야 하는데 받지 못하거나 잘못 받으면 아이는 마음에 생채기가 나고 자아상이 망가지기도 한다. 따라서 이런 아이를 먼저 이해하고 격려하는 방법을 다루었다.

세 번째는, 조금은 남다른 아이를 위한 이야기를 담았다. 기질이나 발달적 특징으로 나타나는 아이의 문제에 도움을 주는 방향으로 구성했다.

마지막으로, 현재의 양육 환경의 문제점과 최선의 양육 환경이 무엇인지 알아보았다. 아울러 미래 세대를 위한 현재의 놀이 환경과 교육을 지원하는 방법 중 '숲 활동'과 '텃밭 활동'을 통한 생태전환교육(인간과 자연의 공존을 위해 실천을 강조한 교육)의 필요성과 효과에 대해 다루었다.

이 책의 각 장 별면에는 주제에 맞게 '말 걸기'를 할 수 있는 그림책을 소개했다. 그림책을 함께 보며 비슷한 상황에 놓였을 때 아이에게 어떻게 말을 걸면 될지 쉽고 생생한 정보를 주고자 했다. 부모들이 적어도 이 책에 실린 그림책 26권만큼은 아이에게 말 걸기 참고도서로 여기고 육아할 때 꼭 도움을 받길 바란다. 소개된 그림책들로 부모는 아이와 진심으로 소통할 수 있다.

   나는 코로나19 감염병이 시작될 쯤 장 지오노 작가의 《나무를 심은 사람》을 읽으며 그림책의 매력에 빠지기 시작했다. 지금은 그림책을 필사하고 따라 그려보기도 하며, 가끔은 불안과 상처를 안고 사는 이와 그림책으로 마음을 나눈다. 더불어 2~3년 전부터 시작한 그림책 부모교육이 점점 깊이를 더하고 있다. 근래 시작한 '부모 그림책 자조 모임'을 통해 그림책을 도구로 활용한 부모교육이 큰 공감을 얻었고, 이런 경험이 이 책에 그림책을 소개할 수 있는 발판이 되었다.

❦ 그림책으로 소통하는 아이와 부모가 많아지길

   나는 어린이집 원장이자 두 아이의 엄마로서 완전하지 않지만, 그래서 더 자신 있게 "우리 함께 해봐요!"라고 이야기할 수 있다. 좋은 부모가 된다는 것은 끊임없는 배움의 과정이다. 아이가 자라면서 부모의 역할도 함께 성장해야 한다. 아이가 처음 걷기 시작할 때, 부모는 아이 옆에서 손을 잡아준다. 아이가 걸음에 능숙해지면서 손을 놓게 되지만, 부모의 마음은 늘 아이 곁에 머무른다. 처음 부모가 되었을 때 느꼈던 두려움과 설렘, 그리고 그 과정에서 겪는 수많은 감정을 함께 나누고 공감할 수 있는 장을 마련하고자 한다.

오늘도 심리학 관련 이론서와 그림책을 펼치며 지난날 엄마로서의 역할을 돌아보고, 앞으로 어떻게 해야 할지 고민하고 다짐한다. 혼자 가는 길은 두렵고 어렵지만, 함께하면 험하고 먼 길도 즐겁고 행복하게 갈 수 있다. 처음 부모가 되는 사람들을 위해 먼저 부모가 된 선배로서 함께 격려하고 지지해주는 어른이 되고 싶다.

모쪼록 이 책을 통해, 부모와 아이가 함께 성장하며 서로를 이해하고 사랑하는 따듯한 여정을 시작하기를 소망한다.

행복한숲에서
윤숙희

| 차례 |

프롤로그   아이와 진심으로 소통하고 싶다면 그림책으로 말 걸기를   × 4

Chapter 1   마음 표현이 서툰 아이에게 말 걸기

공격적으로 행동하는 아이에게 × 19
"싫어"라고 말하는 아이에게 × 30
옷 취향으로 고집부리는 아이에게 × 41
어린이집에 가기 싫어하는 아이에게 × 51
욕심부리는 아이에게 × 61
떼쓰는 아이에게 × 71
밥을 안 먹는 아이에게 × 82
잠자기 싫어하는 아이에게 × 90

Chapter 1에서 아이와 소통하고 싶은 그림책

《마음이 그랬어》《좋아, 싫어 대신 뭐라고 말하지?》《처음 혼자서 옷 입는 날》《우리는 언제나 다시 만나》《욕심이 너무 많아!》《화가 나서 그랬어!》《판타스틱 반찬 특공대》《잠자기 싫은 아기 토끼》

Chapter 2   마음을 베인 아이에게 말 걸기

엄마의 사랑이 부족해요   × 105
부부 싸움은 칼로 아이 마음 베기   × 114
부모의 우울증을 같이 겪는 아이   × 121
동생이 너무 미워요   × 132
또 내가 양보하라고요?   × 143
나 때문에 엄마 아빠가 헤어졌어요   × 156
마음속에 나쁜 감정이 들어왔어요   × 166

Chapter 2에서 아이와 소통하고 싶은 그림책

《엄마가 정말 좋아요》《바람에 날아갔어》《엄마의 슬픈 날》《아기가 왔다》《엄마, 누가 더 좋아요?》《난 이제 누구랑 살지?》《감정 호텔》

Chapter 3   남달라서 특별한 아이에게 말 걸기

꽃이 피는 시기가 다 다른 아이들에게   × 179
잘못된 소통법으로 자신을 지키려는 아이에게   × 189
자폐 스펙트럼 장애를 만난 순간   × 198
자위행위와 성교육   × 209
혹시 내 아이가 ADHD?   × 219
애착물에 집착하는 아이에게   × 229

Chapter 3에서 아이와 소통하고 싶은 그림책

《빨리빨리 레스토랑의 비밀》《상자 속 친구》《나, 여기 있어》《소중해 소중해 나도 너도》《나는 강물처럼 말해요》《내 이불이야》

Chapter 4 자연으로 가는 아이에게 말 걸기

자연에서 잘 노는 아이에게 × 239

숲으로 가는 아이에게 × 250

숲에서 친구를 만난 아이에게 × 261

아이와 어른이 함께하는 숲 놀이 × 272

씨앗 속에 우주가 있다 × 281

Chapter 4에서 아이와 소통하고 싶은 그림책	《해님이 웃었어》《호두 한 알 속에는》《숲에서 보낸 마법 같은 하루》《엄마와 나무 마을》《내가 너를 보살펴 줄게》

에필로그 × 292

감수의 글 × 295

추천의 글 × 298

Chapter 1

마음 표현이 서툰 아이에게 말 걸기

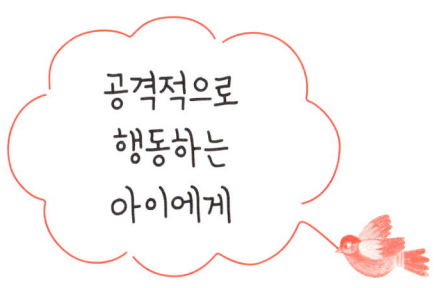

공격적으로 행동하는 아이에게

💬 어린이집은 1년 내내 아주 바쁘게 흘러간다. 국가가 정한 표준보육과정에 따라 아이들의 몸과 마음이 잘 자라도록 돌보아야 하기 때문이다. 5~6가지 영역으로 나누어, 매월 주제에 따라 아이들이 원하는 놀이에 자유롭게 참여할 수 있게 한다.

2019년 개정누리과정은 유치원과 어린이집의 교육 내용을 통일시켰고, '영유아 중심'과 '놀이 중심'으로 바뀌었다. 어린이집 원장과 교사는 아이들의 발달을 돕는 창의적인 보육 프로그램을 만들어 좋은 경험을 심어주려고 애쓴다. 하지만 이는 아이와의 교감이 먼저 이루어진 후에 할 일이다.

어린이집에서 가장 바쁘고 긴장되는 때는 바로 3월이다. 새로운 아이들이 입학하는 시기로, 모두 잘 적응하게 돌보아야 한다. 부모와 처음 떨어진 아이들은 낯선 환경에 적응하느라 울거나 떼쓰기도 하는데, 그래서 더욱 조심스럽게 아이들에게 다가가야 한다.

과거에는 이런 적응 기간이 없었다. 3월 입학식 날, 부모는 아이를 어린이집 현관까지만 데려다주고 돌아서야만 했다. 아이 입장에서 생각해보라! 난생처음 어린이집에 왔는데, 엄마가 자신을 두고 가버렸다면 얼마나 무섭겠는가. 분리불안이 생겨 어린이집 다니는 것을 거부하는 아이도 있었다. 이렇듯 갑작스러운 부모와의 분리는 아이의 정서 발달에 부정적인 영향을 미치기에, 이를 고려하여 그 대안으로 신학기 적응 프로그램이 생겼다.

❦ 친밀한 관계를 맺은 뒤에 관찰

신학기 적응 프로그램은 아이들의 적응 상태에 따라 짧게는 2주, 길게는 4주까지 진행된다. 프로그램을 진행하는 동안 부모는 아이와 어린이집에 같이 등원하는 것을 기본 원칙으로 한다. 첫 주는 아이와 부모 또는 양육자가 함께 1시간 정도 등원해 놀잇감을 탐색하며, 담임교사를 신뢰하고 친밀한 관계를 맺는다.

아이들은 이런 과정을 통해 교사와 환경에 익숙해져 자연스럽게 어린이집에 오고 싶은 마음이 생긴다. 사실 부모들은 이런 과정을 당연하게 여기겠지만, 교사들로서는 부담이 만만치 않다. 새로운 아이들을 돌보기도 쉽지 않은데 부모와 같은 공간에 있으며 적응을 시켜야 하기 때문이다. 그런데도 아이에게 최대한 안정감을 주려고 마음을 다잡고 임한다.

이때 원장인 나도 신입 원아에 대한 정보를 얻기 위해 보육실에서 자주 시간을 보내며 아이와 부모 또는 양육자를 꼼꼼히 관찰한다.

먼저, 애착 유형을 살핀다. 부모와 아이가 상호작용하는 모습을 통해 안정 애착인지 불안정 애착인지 알아보고, 불안정 애착이라면 회피 애착인지 저항 애착인지 분별한다.

두 번째로, 발달단계를 살핀다. 아이들의 언어, 인지, 사회성, 정서, 신체 발달 등이 정상 범주에 있는지 파악한다. 아이들의 발달은 나이가 같더라도 환경과 월령에 따라 6개월 정도 차이가 날 수 있다. 개인차가 있기 때문이다. 그러나 간혹 발달장애나 발달지연도 있을 수 있기에 신경을 쓰고 살핀다.

마지막으로, 기질을 살피는데 이때 'TCI 검사' 이론을 이용한다. TCI는 각 개인의 기질과 성격을 파악하는 검사이다. 선천적으로 타고나는 4가지 기질 척도와 살아가는 환경에 영향을 받아 발달한 3가지 성격 척도를 기준으로 측정해, 종합적으로 개인의 인성을 알아본다.

더불어 요즘 많이 검사하는 MBTI의 프레임으로도 아이를 관찰해 기질과 성격을 추측하기도 한다.

물론 정신의학적인 지식이 아니라, 다년간 보육 일을 한 경험과 상담심리학 전공자로서 보는 관찰이다. 예를 들어, 콧물에 열나고 기침하면 감기일 수 있으니 병원 진료를 권하지 않는가. 마찬가지로 아이들의 다양한 행동을 관찰해 특이사항이 발견되면 부모와 상담하여 전문가나 병원 등을 추천하는 것이다.

❦ 말이 더디면 공격성이 생길 수 있다

이렇게 관찰을 하게 된 데는 특별한 계기가 있었다.

A는 0세 때 어린이집에 입학했다. 입학 초기에는 발달에 이상이 없어 보였다. 돌이 지난 아이들 대부분은 '맘마', '빠방', '뭐야?', '엄마', '아빠' 등의 말로 자신의 의사 표현을 한다. A는 1월생이라 돌이 훨씬 지났는데도 "어, 어, 어, 어" 정도밖에 나오지 않았다.

A의 부모는 맞벌이인 데다가 주말부부라, 하원 후에는

조부모가 돌보았다. 따라서 A는 집에 가면 계속 TV만 보게 되고, 미디어에 많이 노출될 수밖에 없었다. 유독 아빠를 좋아하고 잘 따랐지만 다른 지역에서 직장생활을 해서 만나는 시간이 너무 적었다. 부모와 처음 상담을 진행할 때는 A의 언어 발달이 늦은 이유를 미디어 노출 때문으로 보고 주의할 것을 당부했다.

하지만 2세가 되었는데도 A는 여전히 언어가 발달되지 않았다. 어린이집은 여러 번 발달 검사를 권했으나 부모는 좀 더 기다려보자는 말만 되풀이했다.

그렇게 시간이 흐른 어느 날, 현장학습을 가서 일이 벌어지고 말았다. 점심시간에 A가 플라스틱 포크로 같은 반 친구의 얼굴을 찌른 것이다. 친구의 눈 아래에 포크 자국이 선명히 나 있었다. 친구를 곧바로 응급 처치하고 병원에 가서 상처를 꿰맸다.

이 사건 이후 우리가 놓친 심각한 문제가 있었음을 깨달았다. 말이 더딘 A는 왜 같은 반 친구의 얼굴을 찌르는 공격성을 보였을까? 만약 말을 또래처럼 잘했다면 이런 사고가 일어났을까?

말이 느린 아이는 자신의 욕구와 감정을 표현하는 데 어려움을 느낄 수 있다. 욕구는 있는데 말로 표현되지 못할 경우, 행동으로 자신의 감정이나 욕구를 나타내는 것이 일반적이다. 말로 표현하지 못하니 친구를 밀치거나 때리고 물건을 빼앗는 식으로 대신한 것이다. A는 그날 자신을 귀찮게 구는 친구에게 "하지 마"라고 말하고 싶었을 것이다. 하지만 의사 표현이 잘되지 않아 신체적으로 공격하며 자신을 보호한 것이다.

다행히 피해 아이 부모의 배려로 조용히 넘어갔지만 A를 어떻게 돕고 지도해야 할지 숙제가 남았다. 나는 A의 부모에게 발달검사를 한 후 언어치료를 받으라고 권했다. 언어치료를 해서 자신의 생각이나 감정을 말로 표현할 줄 알면 신체적인 공격성이 다스려질 듯했다. 발달 시기상 이미 언어 지연으로 언어치료가 시급해 보였다. 결국 A는 언어치료를 받기 시작했다.

아동학자들은 모든 발달에는 '결정적 시기'가 있다고 말한다. 많은 부모들이 자신의 아이가 한순간에 말이 터졌다고 생각한다. 사실은 태어난 후 주위의 언어를 계속 듣는 수용 단계를 거쳐 어느 순간 조금씩 입 밖으로 말을 표현하기 시작한 것이다. 한 단어가 나오고 그다음에 한마디, 그리고 문장으로 쏟아져 나오는 폭발적 시기가 있다. 대부분 1~2세에 언어 폭발기가 찾아온다.

A는 현장학습 사건으로 언어치료를 시작했지만, 대부분의 부모는 영아들이 가벼운 공격성을 보일 경우 '차차 나아지겠지' 여기며 넘길 것이다. A의 사건 이후 우리 어린이집은 가벼워 보일 수

있는 발달상의 문제가 관찰되어도 부모와 상담하기 시작했다.

말을 잘한다는 것은 그만큼 사고가 된다는 것을 의미한다. 안타깝게도 A는 전문 기관에서 언어치료와 놀이치료를 받고 어린이집 교사들이 개별적으로 교육했는데도 졸업할 때까지 말이나 사고력이 또래보다 느렸다. A를 보며 조금 일찍 언어치료를 시작했다면 어땠을까 하는 아쉬움과 미안함이 계속 남았다.

말이 트이는 결정적 시기에 부모가 꼭 해야 할 일

A의 사건을 겪으며, 발달 이론에서 왜 발달의 결정적 시기를 강조했는지 알 수 있었다. 그 이후 신학기에는 아이들의 발달과 기질, 애착 유형을 확인해 부모와 함께 아이들의 정상 발달을 이끌고 있다. 이렇게 하려면 발달 연령에 맞는 이론적 지식이 뒷받침되어야 한다. 교사나 부모는 아이의 발달단계를 정확히 알고 상황에 맞게 적용하는 것이 중요하다.

우리 어린이집에서는 신학기 새로운 반을 맡을 때 아이들에 대한 발달 특성을 교사 교육을 통해 이해시키고, 이를 바탕으로 부모 교육이나 상담을 한다. 부모에게 자녀의 발달 특성을 알려주며 나이에 맞는 지원은 무엇인지 교육한다.

부모가 아이를 양육한다는 것은 보호(Care)와 가르침(Teach), 훈육(Discipline)을 의미한다. 양육의 요소에는 '따듯함'과 '구조화(한계)'가 필요하다. 부모와 양육자는 아이에게 어떤 상황에서도 보호받고 사랑받고 있다는 따듯함을 제공해야 한다. 아울러 삶을 살아가는 데 필요한 많은 기능을 가르치되, 할 수 있는 일과 하지 말아야 하는 말과 행동에 대한 한계를 일깨워준다. 그 한계 안에서 아이들이 선택하고 행동할 수 있게 지지하고 격려해준다.

사랑한다고 해서 무조건 허용하는 것은 방임이다. 따듯함과 한계가 함께 제공될 때 가장 효과 있고 안정적인 양육이 이루어진다. 평범한 일상이지만 아이들은 부모와 상호작용을 통해 정서적 안정과 구조화된 한계 안에서 더불어 사는 질서와 책임감을 배우며 자라난다.

언어 발달의 결정적 시기인 영유아기에는 정서적 발달도 함께 이루어져야 한다. 부모는 아이에게 일관되게 감정을 표현하며 아이가 자신의 감정을 알아차리고 그 감정을 언어로 나타낼 수 있도록 돕는다. 그러기 위해서는 의사소통 기술을 익히고 아이의 행동 뒤에 숨어 있는 욕구를 살펴야 한다. 겉으로 드러나는 행동이 같더라도 아이마다 욕구는 다를 수 있기 때문이다. 아이의 욕구나 감정을 잘 헤아려서 공감하는 훈련이 교사나 부모에게 필요하다.

마음이 그랬어

박진아 글·그림

그림책 《마음이 그랬어》로 공격적인 아이에게 말 걸기

어른도 지금 내 감정을 제대로 알아차리고 표현하기가 쉽지 않은데 아이는 오죽할까. 표현이 서투른 아이가 공격성을 보이는 이유는 자신의 욕구가 꺾였기 때문이다. 부정적인 행동으로 욕구 불만을 표현하는 아이의 감정을 먼저 살펴주어야 한다.

《마음이 그랬어》는 송이가 친구 준이와 싸우고 나서 느끼는 다양한 감정을 생생히 보여주고 있다.

잘 지내던 친구에게 소리를 지르는 '화남', 마음에

시커먼 동굴이 생긴 듯한 '불편함', 같이 놀던 친구가 곁에 없어서 마음이 텅 빈 상자 같은 '허전함', 놀이터에서 구름을 보며 머릿속에 자꾸 준이가 떠오르는 '그리움', 저쪽에 지나가는 준이를 보고 부르고 싶은데 대답을 안 할까 봐 조마조마한 '불안감' 등 송이의 마음은 몰랐던 감정들이 휘몰아친다. 그때마다 '바람에 나뭇잎이 흔들흔들' 하는 것처럼 흔들린다.

이후 집에 가는 길에 맞닥뜨린 갈림길처럼 생각도 마음도 갈팡질팡한다. 혼자 학교 가는 길이 너무 멀어서 마치 길이 꼬불꼬불 지렁이처럼 보이고, 발걸음도 무겁고 마음도 왠지 기운이 없다. 송이는 이런 감정 변화를 '마음이 그랬어'라고 생각한다.

이처럼 《마음이 그랬어》는 언어력이 부족한 아이가 다양한 감정과 마음 상태를 잘 전달할 수 있게 도와주는 그림책이다.

하루에도 수없이 바뀌는 감정은 좋은 감정이든 나쁜 감정이든 모두 소중하다. 아이가 꼭 정확하게 "화나요"로 말하지 않아도 좋다. 송이처럼 "마음에 가시가 생긴 것 같아"라는 식으로 자신의 마음을 표현하도록 말을 걸어보자.

"화났을 때는 잠깐 멈춰봐. 다섯 번만 숨을 크게 쉬어볼래? 아니면 손등을 톡, 톡, 톡, 치면서 마음속으로 '괜찮아'라고 해봐도 돼. 그러면 한결 편안해지거든. 그다음에 왜 화가 났는지 얘기해보자. 화났을 때 네 마음은 어땠어?"

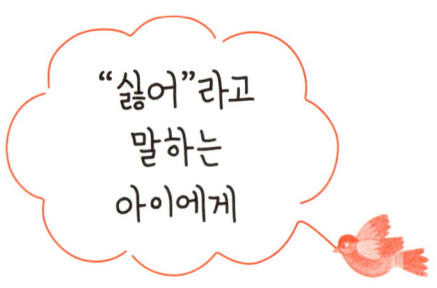

"싫어"라고 말하는 아이에게

💬 아이들 대부분은 태어난 지 6~9개월에 기기 시작하고, 무언가를 잡고 선 다음 돌 전후에 걷기 시작한다. 그래서 0세 말 정도 되면 무엇이든 자기 스스로 해보려고 한다. 그러나 언어 발달은 듣는 말에 반응하는 정도인 수용 언어 수준에 머무른다.

의미가 담겨 있는 말을 내뱉는 표현 언어는 개인 차이가 있지만 보통 돌 이후에 시작된다. "엄마" "아빠" 정도의 짧은 단어만 말할 수 있지만, 이때부터 아이의 욕구를 표현하기 시작한 것이다. 그리고 1세가 지나면 부모와 더욱 구체적으로 소통하게 된다. 다시 말해, 아이 역시 하나의 주체로서 자신의 의사를 드러내는 것이다.

그러나 부모 대부분은 이러한 사실을 알아차리지 못한다. 단지 아이가 어리다는 이유로 부모와 같은 독립된 존재로 보지 않는 것이다.

> B가 엄마의 손을 잡고 어린이집 문을 들어섰다. 현관 앞에는 B를 반갑게 맞아주는 담임교사가 서 있었다. 엄마는 인사를 하고 B가 교실로 편히 들어갈 수 있도록 신발을 벗겨주려고 했다.
> 그런데 B가 엄마의 손길을 거부했다. "내가, 내가, 내가!"라는 말을 반복하면서 스스로 신발을 벗겠다고 한 것이다.
> 엄마는 아이의 말을 무시하고 신발을 벗겨 신발장에 놓았다. 그 순간 B의 몸이 뒤로 넘어가더니 "아니야!"를 외치며 자지러지듯 울어댔다.

이처럼 아무리 어린아이더라도 1~2세 정도가 되면 자신의 욕구를 표현할 수 있을 만큼 인지와 언어 능력이 발달한다. 부모가 이 사실을 이해하지 못하면 자신의 욕구와 관심을 표현하기 시작하는 아이와 일일이 부딪칠 수밖에 없다.

앞의 사례는 엄마가 아이에게 동의를 구하지 않고 먼저 신발을 벗겨준 탓에 스스로 신발을 벗겠다는 아이의 욕구를 좌절시켜서 벌어진 일이다. 이럴 때는 아이에게 먼저 "엄마가 신발을 벗겨줄까?"라며 도움이 필요한지 물어본다.

우리는 타인에게 도움의 손길을 건넬 때, 먼저 도움이 필요한지, 필요하다면 어떤 도움을 주어야 하는지 물어본 뒤에 행동한다. 그것이 진정한 존중이자 배려이기 때문이다. 단지 내 눈에 저 사람이 힘들어 보인다고 허락도 없이 끼어드는 것은 배려가 아닌 침해이다.

아이들에게도 이런 원칙이 예외일 수 없다. 무언가를 도와주기 전에 아이에게 먼저 묻고, 허락할 때 해준다. 아이는 자신의 의견을 주장할 수 있는 독립적인 존재이고 이런 아이의 권리를 존중해 준다면 많은 불필요한 갈등을 줄일 수 있다.

아이의 발달과 욕구를 이해하는 것은 아이의 자존감을 높이는 데에도 도움이 된다. 대부분의 부모들은 아이의 자존감을 높일 '특별한' 방법이 있다고 생각하고 다양한 프로그램에 참여시킨다. 그러나 아이의 자존감을 높이고 낮추는 주체는 부모이다. 일상에서 벌어지는 문제를 어떤 태도로 아이와 해결하느냐가 아이의 자존감을 결정짓는 열쇠다.

이를 위해서는 '자기표현'과 더불어 1세 아이에게 나타나는 또 하나의 발달 특성을 이해해야 한다. 바로 '자기효능감'이다. 즉 새로운 것을 끊임없이 익히고 해내기를 반복하는 것이다. 이때 부모와의 관계를 통한 경험으로 대상에 반응하는 자신에 대한 이미지인 '자기표상'이 만들어진다.

  이런 다양한 경험을 하며 아이는 자신이 뭐든지 다 할 수 있다는 믿음을 가지는데, 성공하면 이것을 전능감으로 표현하기도 한다. 그러므로 어떤 일을 마주했을 때, 아이가 자꾸 "내가, 내가!" 외치며 스스로 하겠다는 의사를 표현한다면 조금 서툴고 시간이 걸려도 아이가 하도록 기다려주자. 어떤 상황이든 아이를 믿어주는 것이 부모의 바른 태도다.

  물론 쉽지만은 않다. 부모가 해주면 금방 끝날 일을 아이에게 맡기고 지켜보다 보면 답답하기 그지없다. 하지만 급한 마음에 허락 없이 그 일을 낚아챈다면, 아이는 자신을 믿지 못하는 부모의 모습을 통해 자기표상을 부정적으로 형성하게 될 것이다. 이제 막 주체적으로 발돋움하며 자존감을 높이려는 아이의 발목을 잡는 셈이다.

❦ "싫어"라는 말은 자신을 지키려는 방패

  만약 아이가 도와달라고 한다면 적절한 선에서 해준다. 처음부터 끝까지 다 해주는 것은 오히려 아이에게 도움이 되지 않는다. 어린아이가 하기 어려운 부분만 도와주고 스스로 할 수 있는 일은 하게 한다. 자신이 해냈다는 자기효능감을 느끼도록 해주는 것이다.

예를 들어, 아이가 양말을 벗는 걸 어려워하며 도와달라고 할 때, 냉큼 양말을 다 벗겨주지 않는다. 양말이 잘 걸리는 뒤꿈치 부분만 살짝 내려주며 "조금만 도와줄게!" 하고는, 나머지는 아이가 벗도록 격려해준다. 그러면 아이는 스스로 양말을 벗었다고 느끼게 된다. 이런 일상적 경험을 통해 아이는 자신을 믿게 되고 자존감과 자기효능감이 차곡차곡 생기는 것이다.

아이의 허락 없이 마구잡이로 아이의 권리를 침범하면, "내가, 내가!"라는 적극적인 의사 표시는 "싫어, 싫어!"라는 강한 거부와 부정으로 바뀐다. "싫어"는 아이가 자신의 말을 들어주지 않는 어른들에게서 스스로를 보호하려는 방패다. 그래서 부모가 아이의 말과 욕구를 무시하고 선을 넘을수록, 아이의 방패는 부모의 침입을 막기 위해 더 사납고 공격적으로 가시를 돋운다.

이렇게 가시가 돋은 방패가 결국 상대를 공격하는 무기, 즉 공격성이 되는 것이다. 부모에 대한 공격성은 세상을 향한 공격성으로 이어지기도 한다. 또래나 타인과의 관계에서 자신을 보호하고자 공격성을 드러내는 것이다.

따라서 내 아이가 부정적인 언어를 자주 사용한다면, 부모부터 먼저 아이를 충분히 존중하고 배려했는지, 아이의 의사를 얼마나 받아들이고 공감해주었는지 살펴보아야 한다.

만약 아이에게 충분한 존중과 배려를 해주지 못했더라도, 아직 돌이킬 수 있는 기회는 남아 있다. 아이에게 분명한 말로 사과하고 용서를 구하면 된다.

"엄마가 네 허락 없이 도와줘서 미안해. 이제 네가 할 수 있는 일은 스스로 하도록 기다려줄게."

아이는 이와 같은 부모의 말을 통해 누군가를 도울 때도 상대에게 먼저 물어보아야 한다는 것을 자연스레 깨닫는다. 부모가 자신을 믿어준다는 것도 알게 된다. 부모가 이런 신뢰의 말을 자주 해줄수록 아이는 자신의 능력을 믿게 되고, 부모에 대한 신뢰도 더욱 커진다. 그리고 이런 마음들이 쌓여 세상에 대한 믿음으로 이어진다.

🌱 1세 전후는 신뢰 대 불신의 시기

아동 정신분석학자 에릭 에릭슨의 심리사회적 발달 이론은 이러한 현상의 이유를 설명해준다. 아이가 태어나서 1세 전후까지는 양육자와 애착을 맺는 시기로, '신뢰 대 불신의 시기'라고 한다. 이때 양육자와 맺는 애착의 성격에 따라 아이 자신과 양육자,

타인과 세상에 대한 신뢰감이 결정된다. 예를 들어, 안정 애착을 맺은 아이는 자신에 대한 '긍정적인 심상'을 가진다. 그로 인해 자라면서 타인에게 호감을, 세상에 대해서도 긍정적인 태도와 신뢰감을 통해 희망을 가진다는 것이다.

이때 아이가 자신과 세상에 대해 가지는 긍정적인 심상이 바로 '자존감'이다. 자존감은 개인이 타인과 신뢰 관계를 맺는데 필요한 의사소통의 기초가 되고 사회적 관계를 이루는 바탕이 된다.

기억도 못 하는 영아기 때의 부모 양육 방식이 삶 전반에 영향을 미친다니 믿기지 않을 것이다. 하지만 말도 못 하고 울기만 하는 갓난아기라고 아무것도 모르는 것은 아니다. 불편하거나 배고파서, 아프거나 기분이 나빠서 울 때 양육자가 곧바로 반응해주면 아이는 이렇게 생각한다.

'내가 울면 누군가가 와주네! 나는 소중한 사람인가 봐!'

이처럼 자기 자신의 가치를 느끼며, 자신에게 무슨 일이 생길 때마다 곧장 달려와 보살펴주는 부모한테도 믿음이 생긴다. 더 나아가 아이의 무의식에 세상에 대한 긍정적인 신뢰감까지 심어준다.

아이 때 쌓인 신뢰감은 성인이 되어서도 의식 세계에 반영된다. 프로이트의 '결정론적 인간관'은 영유아기 때 받은 양육과 처해 있던 환경이 사람의 인생을 결정짓는다고 주장하고 있다. 예를 들어, 의심이 많거나 자신의 능력과 가능성에 믿음이 부족한 사람은 영유아기 때 받은 양육에 영향을 받아 그렇게 되었을 가능성이 높다. 즉, 양육자에게는 평범했던 일상의 말들이 모여 아이의 현재 뿐 아니라 미래, 나아가 평생을 결정지을 수도 있다는 것이다.

자존감과 열등감을 결정짓는 한 끗, 부모

오스트리아 정신분석학자 알프레드 아들러는 어린 시절 초기 기억에 대한 이론을 통해 열등감을 설명한다. 자신의 신체적 조건을 어떻게 바라보느냐에 따른 기관열등감과 가족 구도에서 일어난 많은 경험을 바탕으로 열등감이 만들어진다고 한다. 이런 열등감을 보상하기 위해 우월성을 추구하는 과정에서 생활양식과 성격이 형성된다고 했다.

학자들은 여전히 유전과 환경 중 어느 것이 더 중요한 요소인지를 두고 논쟁하고 있다. 그런데 내가 경험한 바로는 정서적 발달은 유전적 요소보다 환경적 요소가 더 중요했다.

씨앗을 뿌려 꽃이 피고 열매를 맺는 과정을 보면, 똑같은 씨앗인데도 어디에 뿌리고 어떻게 물을 주고 관리하느냐에 따라 결과는 완전히 다르다. 아이 역시 마찬가지다. 유전적 요소로 생물학적인 문제를 가지고 태어나도 아이를 바라보는 주변의 눈빛이나 돌봄에 따라 잘 자라는 아이도 있다. 반대로 다른 아이보다 인지 기능이나 신체 기능이 탁월해도 양육되는 환경에 따라 평범하거나, 심지어 문제 아동이 되기도 한다. 아이의 선천적인 능력이 어떠하든, 부모의 양육 태도에 따라 아이의 인생은 바뀔 수 있는 것이다.

요컨대 아이의 부정적인 말과 행동은 아이의 문제가 아니라 부모 때문일 수 있다. 부정적인 성향의 아이를 보면, 대부분 부모가 지나치게 통제하거나 명령하듯 말한다. 이런 경우 아이는 어릴 때부터 자신을 지키기 위해 부정적인 행동으로 관심 끌기, 부모와 힘겨루기를 통해 자기 존재를 알리는 것이다. 표현 언어 발달이 부족한 0세 시기에는 소리를 지르거나 공격적인 행동을 한다. 그런 행동 대부분은 욕구가 좌절되어 나타나는 것이기에 아이의 욕구를 파악하지 못한 부모 양육의 문제일 가능성이 크다.

따라서 부모는 자녀의 자존감을 높여주고 싶다면 어릴 때부터 아이의 의견을 묻고 존중하며 배려하는 습관을 길러야 한다.

좋아, 싫어 대신 뭐라고 말하지?

송현지 글
순두부 그림

그림책 《좋아, 싫어 대신 뭐라고 말하지?》로 "싫어"라고 말하는 아이에게 말 걸기

코로나19 팬데믹 시기에 마스크 착용을 일상화하고, 바깥 활동도 최소화해야 했다. 이로 인해 어린이집이나 학교에서 대면 교육이 이루어지지 않아 아이들은 감정 표현을 할 기회나 필요가 적었다. 이것이 독이 되었다. 다양한 감정을 "좋아"나 "싫어"로만 툭 내뱉고 감정을 섬세히 들여다보지 않게 만들었기 때문이다.

《좋아, 싫어 대신 뭐라고 말하지?》는 "좋아"나 "싫어"로만 단순하게 감정을 표현하는 아이들에게 좀 더 쉽고 재미있게 다양한 어휘를 가르쳐주는 그림책이다. 작가는 아이들의 감정을 '어린이의 일상'에서 찾았다. 초등학생 승규의 아침 기상부터 학교생활, 하교, 학원에서의 시간, 잠들기 전까지 '하루'를 따라가다 보면 "좋아", "싫어"를 대신할 34가지 감정 어휘를 자연스럽게 만날 수 있다.

초등학교 입학이 머지않은 3~5세 아이들에게 학교생활에 대한 호기심을 불러일으키고, 평범한 일상 속에서 다양한 감정 공부를 하게 해주는 《좋아, 싫어 대신 뭐라고 말하지?》를 아이와 함께 읽고 나서 대화를 나눠보자.

"오늘은 어땠어? '좋았어!' '싫었어!'만 하지 말고 조금만 더 자세히 말해줄래? 엄마가 네 마음을 잘 알 수 있게."

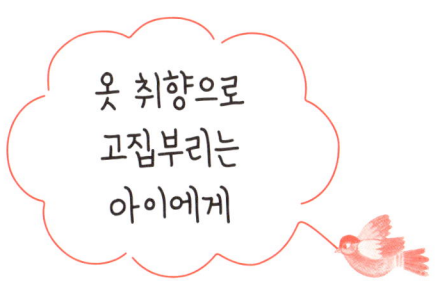

옷 취향으로 고집부리는 아이에게

💬 "싫어, 싫어! 나 저거 입을래. 입을 거야!"

"여름인데 패딩을 왜 입어! 엄마 바쁜데 힘들게 할래?"

평소에는 착하고 순한 아이가 유독 옷을 갈아입을 때만 고집을 부린다. 얼룩이 묻은 옷, 겨울 스웨터에 여름 반바지, 내복……. 이럴 때만큼은 아이의 창의성이 원망스러울 뿐이다.

바쁜 가운데도 예쁘게 입히려고 고심해서 고른 옷을 아이가 바닥에 내팽개치기라도 하면, 부모는 순간 화가 솟구친다. 대포 같은 고성이 오가는 아침의 전쟁은 아이의 서러운 울음소리와 함께 끝이 난다. 결국 엄마도 아이도 아침부터 진이 다 빠져 힘없이 하루를 시작한다. 이런 전쟁, 안 할 수는 없을까?

🌱 옷 전쟁의 진짜 이유

그렇다면 평화로운 아침이란 어떤 모습이어야 할까? 부모가 권해주는 옷을 고분고분 받아 입는 아이를 상상했다면, 아마 이 전쟁은 앞으로도 끝나지 않을 것이다. 아이들은 부모의 뜻대로 움직이는 인형이 아니기 때문이다. 단순히 부모의 말을 듣지 않는다는 뜻이 아니다. 발달 과정상 1세만 지나도 아이는 스스로 주관을 가지기 시작한다.

어른은 아이를 미숙하고 불완전한 존재로 보지만, 아이는 어른의 생각보다 일찍 자기만의 취향과 판단력을 갖춘 독립적인 존재로 성장해 있다. 매우 당연한 모습인데도, 이 사실을 모르는 부모가 의외로 많다.

어느 날, 남자아이 하나가 울며 어린이집에 들어섰다. 같이 온 엄마에게 사정을 들어보니, 아이가 원하는 옷이 아닌 다른 옷을 입혔더니 어린이집에 오는 내내 울고 짜증을 냈다고 했다.

다행히 어린이집에는 아이들이 활동을 하다 보면 옷이 쉽게 더러워지기 때문에 갈아입을 여벌 옷을 준비해놓았다.

"다른 옷이 있는지 한번 가볼까?"

나는 아이를 달래며 옷을 찾으러 가는 길에 넌지시 물었다.

"원래는 어떤 옷을 입고 싶었어?"

"초록색 공룡이 그려진 옷이요."

"그랬구나. 공룡 옷을 입고 싶었던 거니?"

"네."

"어린이집에는 공룡 옷이 없는데 어떡하지?"

"괜찮아요."

아이는 언제 울었나 싶게 씩씩하게 대답했다.

아이는 엄마가 권해준 옷이 마음에 들지 않아서 짜증을 부린 것이 아니었다. 이미 자신이 입고 싶은 옷이 분명히 있는데, 억지로 다른 옷을 입어야 했기 때문이었다.

비록 입고 싶은 옷은 입지 못했지만 아이의 속상한 마음을 알아주는 것만으로도 아이는 진정되었다.

처음부터 아이의 의견을 존중하고 원하는 옷을 입혔더라면 엄마와 아이 모두 평화로운 아침을 맞이했을 것이다. 그렇지 못했기에 어린이집에 도착할 때까지 계속된 감정싸움으로 서로를 힘들게 했다.

🌱 고집인지 취향인지 파악한다

 이 아이가 특별히 주관이 강한 것이 아니다. 앞서 말했듯 아이들은 우리의 생각보다 이른 나이에 자아를 갖추고 주관대로 행동하기를 원한다. 분홍색보다 하늘색이 좋고, 멜빵바지보다는 반바지가 좋은 '취향'이 생긴다.

 이런 아이들에게 부모의 감각으로 옷을 입히려 하기 때문에, 친구의 옷차림을 지적할 때와 같은 일이 일어난다. 두 주체의 주관이 부딪쳐 불꽃 튀는 갈등이 시작되는 것이다.

 주위 사람들을 둘러보자. 지인 중에 옷을 못 입는 사람이 있어도 섣불리 지적하거나 충고하지 않는 이유는 상대를 존중하기 때문이다. 아이 역시 취향에 대해 존중받을 자격이 있다. 어른의 시각에서 볼 때 그 취향이 매우 별나도 말이다.

 물론 아무리 이해해주려 해도 아이의 취향을 도저히 존중할 수 없을 때가 있다. 여름에 두꺼운 외투를 입겠다거나, 겨울에 얇은 원피스 하나만 걸치고 어린이집에 가겠다고 할 때다.

 헷갈리지 말자. 아이가 자신만의 자아와 주관을 지닌 주체라 해서 성숙한 존재라는 뜻은 아니다. 어른에 비하면 아이의 경험과 지식은 턱없이 부족하다. 아이가 상식에 벗어나는 주장을 하는 이유가 이 때문이다. 단순히 아직 몰라서 잘못된 옷차림을 하는 것이라면, 이는 아이를 혼내서 해결할 수 있는 문제가 아니다. 아이의 부족함을 채울 수 있도록 어른인 부모가 적절한 환경을 만들어주는 것이 중요하다.

아이가 날씨에 맞지 않는 옷을 입겠다고 고집을 부릴 때도 마찬가지다. 아이가 잘못된 선택을 하지 않도록 부모가 먼저 적절한 환경을 만들어준다. 우선 계절에 맞지 않는 옷이 아이 눈에 띄지 않도록 미리 옷을 정리한다. 특별히 좋아하는 옷이 아니라면 아이는 눈앞에 보이지 않는 옷을 구태여 찾지 않는다. 계절의 변화에 따라 옷장만 정리해도 불필요한 갈등을 줄일 수 있다.

옷장을 정리했더라도 아이가 지난 계절에 입은 옷을 떠올리고 입고 싶다고 보챌 수 있다. 또다시 지겨운 싸움이 시작되기 직전, 의외로 간단하게 잠재울 방법이 있다. 그냥 아이가 고른 옷을 입혀주면 된다. 한여름에 패딩을 원하거나 한겨울에 반바지를 입고 싶어 해도 그대로 입혀주자.

대신 부모가 해야 할 일이 하나 있다. 아이가 나중에라도 갈아입을 수 있도록 계절에 맞는 여벌 옷을 함께 챙기는 것이다. 이렇게 하면 아이의 자율성을 해치지 않으면서 옷차림에 대해 제대로 가르쳐줄 수 있다.

계절에 상관없이 자신이 고른 옷을 입은 아이는 처음엔 마냥 신이 날 것이다. 그러나 거리를 걸으며 점점 자신의 옷차림이 뭔가 잘못되었다는 것을 깨닫는다. 주변 사람들과 분명히 다른 옷, 너무 덥거나 너무 추운 날씨 때문에 느껴지는 불편함, 남들의 시선, 부끄러움……. 이 모든 일을 겪으면서 아이는 비로소 자신의 선택이 어떤 결과를 가져왔는지 깨닫는다.

어른들 눈에는 아이 행동의 결과가 빤히 보인다. 그래서 더더욱 아이의 실수를 그대로 두기가 어렵다. 하지만 실수가 없으면 배움도 없다. 부모가 조금 여유를 가지고 기다려준다면, 아이는 스스로 선택하는 과정에서 자율성과 책임감을 배울 것이다.

❣ 아이의 입장에서 좋은 옷 선택하기

아이가 유독 부모가 골라준 옷을 거부한다면, 어른들의 눈에만 보기 좋은 옷일 가능성이 크다. 딱 붙는 바지나 자꾸 올라가는 치마, 너무 빳빳한 청바지 같은 옷은 쉼 없이 뛰고 구르는 아이들에게 불편할 수 있다. 아무리 예쁘고 비싼 옷도 아이가 입기 싫어하면 '좋은' 옷이 아니다.

정신없이 바쁜 아침에 이런 것까지 하나하나 고민하며 옷을 고르기는 힘들다고 생각할 것이다. 하지만 이런 고민은 부모가 아니라 아이에게 맡겨야 한다. 그저 아이의 이름을 부르며 이렇게 묻는 것이다.

"오늘은 무슨 옷을 입고 싶어?"

아이에게 딱 맞는 옷이 무엇인지 아는 사람은 아이 자신이다. 섣부른 걱정은 접어두고, 아이의 생각과 느낌에 귀 기울여주자. 옷장 서랍에 옷을 종류별로 정리한 뒤, 아이에게 입을 옷을 스스로 고르게 하면 더 좋다. 아침에 시간이 나지 않으면 전날 저녁에 골라놓게 한다. 아이가 여유를 가지고 자유롭게 고를 수 있고, 당연히 아침에 등원 준비할 시간도 줄어든다.

이렇게 골라온 옷을 부모는 지지해주며 아이의 선택을 존중해준다.

"와우, 멋진걸! 마음에 드는 옷을 골랐니?"
"엄마도 네가 고른 것이 맘에 들어!"
"놀이하기 편한 옷을 골랐구나!"

물론 어른의 눈에는 아이가 고른 옷이 어딘가 부족하고 어색할 수 있다. 그러나 좋은 점들을 찾아서 말해주면, 아이는 선택한 것에 자신감을 가진다. 이런 경험을 통해 아이는 그다음 선택도 당당하게 할 수 있다.

부모가 아무리 작은 반응을 보였을지라도 아이는 이를 쑥 빨아들이며 건강한 자아로 성장한다. 자신의 선택을 존중받은 경험이 많을수록 긍정적이고 자기 확신이 명확하며 자존감 높은 아이로 자라는 것이다.

　이처럼 매일 아침 옷 입기 싫다며 우는 아이의 '고집'을 단단한 '주관'으로 바꾸는 길은 부모에게 달려 있다. 그저 아이의 생각과 선택을 존중해주는 것만으로도 오랜 전쟁은 끝나고, 아이는 한 뼘 더 성장할 것이다.

**처음 혼자서
옷 입는 날**

황시원 글
손성은 그림

그림책 《처음 혼자서 옷 입는 날》로 옷 취향 때문에 고집부리는 아이에게 말 걸기

오늘은 라온이가 소풍 가는 날! 직접 고른 멋진 옷을 입고 소풍을 가고 싶은 라온이는 러닝셔츠를 잘못 입기도 하고, 예쁜 옷을 입을지 편한 옷을 입을지 한참 고민한다.

아이가 《처음 혼자서 옷 입는 날》을 읽고 라온이를 따라 하다 보면 옷을 고를 때 고려해야 할 점, 입는 방법과 주의해야 할 점 등을 배울 수 있다. 아울러

아이에게 적절한 옷 고르기 방법을 알려주는 엄마의 모습도 인상적이다.

엄마는 라온이가 바지를 입다가 넘어질 뻔하자 얼른 잡아준다. 그리고 어떻게 바지를 입어야 하는지 알려준다. 라온이가 단추를 잘못 잠그자 다시 채울 수 있게 도와준다. 또한 라온이가 고른 여름옷을 멋지다고 칭찬해주고, 쌀쌀할 때 입을 외투를 챙겨놓기도 한다.

이처럼 라온이가 옷을 고르며 마음껏 즐거워하고 혼자 해냈다는 성취감을 충분히 느끼게 해주는 엄마의 모습은, 옷 취향 때문에 고집부리는 아이와 자주 실랑이하는 부모에게 현실적인 양육 도움을 준다.

"오늘은 무슨 옷을 입을지 직접 골라볼래? 네가 고른 옷이 너에게 가장 잘 어울릴 거야."

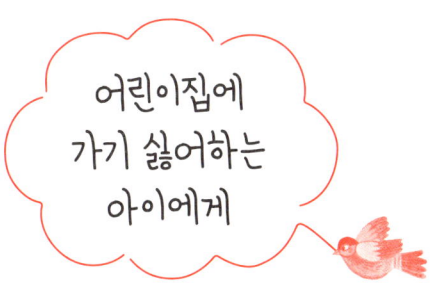

어린이집에 가기 싫어하는 아이에게

💬 특별한 존재로 사랑받던 아이들에게 찾아오는 첫 번째 시련이 있다. 바로 어린이집 등원이다. 어린이집은 이제 막 세상에 걸음마를 내딛는 아이들에게 꼭 필요한 기본생활을 가르치고 또래와의 관계로 사회성을 길러주는 교육의 장이다.

하지만 태어날 때부터 지금까지 부모와 꼭 붙어 지낸 아이들에게 어린이집은 낯설고 두려운 장소다. 특히 새로운 원아들이 입학하는 3월에는 어린이집에 가기 싫은 아이들이 버티고 우는 소리가 쟁쟁하게 울려 퍼진다.

이런 아이들에게는 새로운 환경과 선생님에게 적응할 시간을 충분히 주어야 한다. 우리 어린이집에서 진행하는 신학기 적응 프로그램도 속도보다는 아이들의 거부감을 줄이는 데에 중점을 둔다.

등원 첫 주에는 아이와 부모가 어린이집에서 함께하며 1시간 정도만 활동하다가 귀가한다. 이런 식으로 시간을 충분히 가지며 아이를 어린이집에 적응시킨 뒤에 천천히 부모와 떨어지게 한다. 항상 함께하던 부모가 1시간, 2시간씩 눈앞에서 사라지게 하는 것이다. 어린이집에 혼자 있는 시간을 점점 늘려가다 보면 한 달이 지날 즈음에는 아이 대부분이 어린이집 생활에 자연스럽게 적응한다.

같은 프로그램을 거치더라도 아이들의 반응은 천차만별이다. 어린이집에 등원한 첫날부터 이것저것 관심을 보이며 잘 적응하고 부모와 떨어져도 의젓하게 보내는 아이가 있는가 하면, 어떤 아이는 시간이 꽤 지났는데도 어린이집에 올 때마다 엄마 품에서 떨어지지 않으려고 버틴다. 반면 어떤 아이는 처음에는 곧잘 적응하나 싶다가 몇 주가 지나 갑자기 어린이집에 오기를 거부하기도 한다.

애착 유형에 따라 어린이집 적응이 다르다

아이들이 이토록 다양한 반응을 보이는 이유는 바로 애착 유형이 서로 다르기 때문이다. 아이들의 애착 유형은 일반적으로 생후

36개월의 '애착 기간'에 주로 만들어진다. 크게 안정 애착, 회피 애착, 저항 애착으로 구분할 수 있다.

요즘 아이들은 부모가 1년간의 육아휴직을 끝내고 복직해야 해서 어린이집을 찾는 경우가 대부분이다. 그러니 어린이집에 오는 시기는 애착 유형을 만들어가는 0~1세 정도인 셈이다.

덕분에 어린이집 적응 프로그램에 참여하는 아이들의 모습을 잘 살펴보면 애착 유형의 특성을 파악할 수 있다. 우선 안정 애착인 아이는 처음에는 부모의 품에서 겁을 내고 낯설어해도 적응 과정을 거쳐 자연스럽게 어린이집 생활에 익숙해진다. 그러니 우리가 주목해야 할 애착 유형은 회피 애착과 저항 애착이다.

회피 애착을 지닌 아이는 보통 부모와 신뢰나 친밀한 관계를 제대로 맺지 못한 경우이다. 애착 기간에 양육자가 아이의 원하는 것이나 필요한 것을 충분히 채워주지 못했을 가능성이 크다. 이로 인해 좌절감을 겪은 아이는 부모에게 많은 것을 기대하지 않는다. 그래서 낯선 장소에서 처음으로 부모와 떨어지더라도 여느 아이들처럼 울거나 보채는 일이 적다. 부모가 다시 데리러 와도 안정 애착 아이와는 다른 반응을 보이며, 오히려 집에 가지 않으려고도 한다.

이런 경우 어린이집에 잘 적응하는 것처럼 보이지만, 애착 관계만 본다면 긍정적으로 바라보기에는 무리가 있다. 그러므로 선생님과 관계를 잘 맺어서 새로운 애착이 생기도록 신경 써야 한다.

그렇다면 어린이집에 가지 않겠다고 고집부리고 엄마와 떨어지기 싫어하는 아이들은 어떤 애착에 속할까? 바로 저항 애착이다. 저항 애착 유형의 아이들은 양육자가 어린이집에 함께 있어도 불안함을 느낀다. 불안해하면서도 누군가 달래주려고 손을 뻗으면 그 손을 뿌리치거나, 안아주면 밀어내는 '저항' 반응을 보인다. 회피 애착인 아이들과 마찬가지로 부모에 대한 신뢰감이 없지만 반응이 다른 셈이다.

이처럼 아이들의 애착 유형에 따라 어린이집에 적응하는 모습이 무척 달라질 수 있다. 만약 어린이집에 처음 등원하는 아이가 몇 달이 지나도 적응하지 못하고 겉돈다면, 아이의 기질과 애착 유형을 제대로 파악해야 한다. 그리고 시간을 두고 적응할 수 있도록 도와야 한다.

🌱 가정 문제로 갑자기 부적응을 보일 수 있다

오랫동안 어린이집을 즐겁게 잘 다니다가 어느 날 갑자기 어린이집에 가기 싫다고 버티는 아이가 있다. 아마 부모들 대부분이 이런 일로 고민할 것이다. 등원 문제가 없다가 갑자기 생겼다면, 원장과 교사는 먼저 어린이집 생활에 특이사항이 있었는지를 확

인한다. 심각한 학대가 아니더라도 교사들의 태도나 친구와의 다툼, 마음에 들지 않는 반찬, 원치 않는 활동 등 의외의 이유로 아이가 거부감을 가질 수 있기 때문이다.

그러나 어린아이는 표현이 서툴러 자신이 왜 어린이집에 가기 싫은지 그 이유를 명확히 이야기하지 못한다. 이유를 물으면 오히려 알쏭달쏭한 답변을 하기도 한다. 따라서 아이가 어린이집을 싫어하게 된 원인을 찾으려면 직접 묻기보다 평소보다 더 세심히 아이를 살펴야 한다. 너무 어려운 일이 아니므로 걱정할 필요 없다. 아이들의 말과 행동에는 자신이 겪은 일이 고스란히 드러난다. 심지어 놀이를 하면서도 자신이 보고 들은 것을 그대로 전하기 때문에 아이들의 역할놀이만 지켜보아도 가정 상황을 얼추 파악할 수 있다.

어린이집에 문제가 없다면, 이제 가정을 살필 차례다. 사실 아이의 심리에 가장 큰 영향을 끼치는 것이 가정의 상황이다. 아이 앞에서 부부 싸움을 하거나, 등원 준비 과정에서 아이가 부모의 말을 따르지 않았다고 지나치게 나무란다면 아이는 본능적으로 자신의 삶이 흔들릴까 봐 불안해진다.

'엄마 아빠가 따로 살면 나는 누굴 따라가지?'

'이제 엄마가 날 미워하는 거 아니야?'

'내가 잘못해서 엄마 아빠가 싸우는 거야.'

아이에게는 온 세상인 부모가 흔들리면 중심을 잡을 수 없는 게 당연하다. 어린이집에 가지 않겠다는 아이의 고집 역시, 부모와 떨어지지 않고 안정을 찾으려는 제 나름의 발버둥이다. 따라서 이런 불안함을 가라앉히려면 아이의 불안이 현실이 아니라는 것을 말로써 자꾸 확인해주어야 한다.

"헤어지기 싫을 텐데 어린이집에 오느라 용기 내줘서 고마워. 엄마 아빠가 일찍 데리러 올게."

"아까 엄마가 너무 바쁘게 준비하느라 너의 마음을 몰라줬어. 미안해. 그래도 엄마가 많이 사랑하는 거 알지?"

❦ 헤어짐을 받아들일 시간 주기

가정에서 문제가 없을 수는 없다. 그러나 적어도 아이가 불안해하지 않게 상황을 긍정적으로 바꿀 수는 있다. 아이가 원하는 만큼 안아주는 방법을 추천한다. 아이가 안아달라고 할 때마다 엄마가 거절하지 않고 꼭 껴안고서 불안감을 해소해주는 것이다.

물론 바쁜 아침 시간이라 아이가 더 안아달라고 해도 들어줄 수 없을 때가 있다. 그리고 충분히 안아주었는데도 아이가 계속해서 부모의 품에 안겨 있을 때도 많다. 그럴 때는 미리 "이번이 마지막이야"라거나 "다섯 셀 때까지만 안고 있는 거야"라는 말로 명확히 선을 그어야 한다.

짧게라도 아이의 손을 잡고 어린이집 주변을 걷는 것도 방법이다. 이 모든 방법은 아이에게 부모와 헤어짐을 받아들일 준비 시간을 주기 위함이다. 미리 선을 긋는 이유도 마찬가지다. 시간이 지나면 아이는 어린이집에, 부모는 직장에 가느라 서로 떨어져야만 한다. 피할 수 없는 헤어짐이라면 아이에게 그것을 받아들이는 방법을 가르쳐야 한다. 부모의 따듯한 말 한마디, 포옹 몇 번만으로도 아이의 불안한 마음은 녹아내리고 서로 연결된 새로운 마음으로 하루를 시작할 수 있다.

아이의 마음을 어루만지는 데에 이토록 시간을 쏟는 이유가 있다. 부모는 집에서의 상황을 잊어버리더라도, 아이는 부모가 보여준 화난 표정과 말투, 행동을 그날 내내 곱씹는다. 현재에 집중하지 못하고 과거에 머무르며 불안하고 부정적인 감정을 계속해서 느끼는 것이다.

게슈탈트(형태주의) 심리치료의 창시자 프리츠 펄스는 이러한 반응을 '전경과 배경' 이론으로 설명한다. 그의 이론에 따르면, 대상을 인식할 때 지금 여기(전경)에 머무는 것이 일반적이지만 불안한 경험을 하면 이미 지나간 과거(배경)에 머물러 있는 상태가 된다. 이러한 불일치는 정서적으로 불안감을 안겨주고 집중력 및 학습 문제로까지 이어진다. 흔한 말로 정신이 다른 곳에 가 있으니 눈앞의 상황에 집중할 수 없는 것이다.

　이처럼 아이는 부부 싸움이나 지나친 꾸지람 등 한 번의 갈등만으로도 흔들릴 수 있다. 아이에게는 부모가 온 세상이기 때문이다. 그 세상이 나를 나무라고 마구 흔드는데 어떤 아이가 씩씩할 수 있겠는가. 그렇기에 부모는 한 아이의 온 세상답게 더 깊고 넓어질 필요가 있다. 아이의 감정을 먼저 살피고 따듯하게 보듬어준다. 아이의 대수롭지 않아 보이는 투정 뒤에는 심각한, 어른들이 모르는 불안이 있을지 모르기 때문이다.

우리는 언제나 다시 만나

윤여림 글
안녕달 그림

 **그림책 《우리는 언제나 다시 만나》로 어린이집에 가기 싫어하는 아이에게 말 걸기**

《우리는 언제나 다시 만나》는 아이들이 흔히 겪는 분리불안에 대해 이야기하고 있다.

내용은 엄마의 회상으로 이루어져 있다. 유치원 버스 앞에서 엄마 옷을 붙잡고 울던 아이는 여러 번의 헤어짐을 겪으며 점차 엄마와 헤어지더라도 다시 만난다는 사실을 배운다.

아이와 헤어지면서 불안한 마음은 엄마도 마찬가지

였다. 이제 아이는 엄마가 없어도 씩씩하게 캠프를 떠나건만 엄마의 마음은 허전하기만 하다. 아이가 엄마와 떨어지기 싫어하는 만큼 엄마도 아이와의 헤어짐이 익숙하지 않았던 것이다.

어린이집 가기 싫다고, 엄마와 떨어지고 싫다고 울음을 터트리는 아이가 있다면 부드럽게 등을 토닥이며 말해주자. 우리는 떨어져도 언제나 다시 만난다고.

아이가 어린이집에 잘 다녀왔을 땐 살갑게 맞이하며 칭찬해주자. 그리고 아이가 느낀 그리움을 엄마도 똑같이 느꼈다고 다음과 같이 말해주자.

"엄마가 보고 싶어도 꾹 참고 씩씩하게 보냈구나. 엄마도 네가 보고 싶은 걸 꾹 참고 씩씩하게 하루를 보냈단다. 우리는 언제나 이렇게 다시 만나."

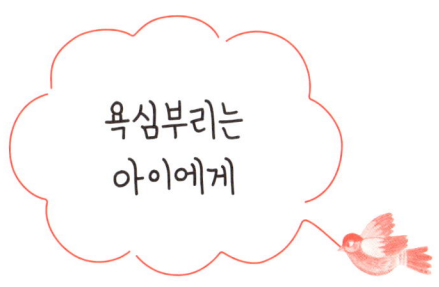

욕심부리는 아이에게

💬 아이들이 같은 놀잇감을 가지고 함께 놀다 보면 으레 다툼이 생긴다. 놀잇감은 한정되어 있는데, 그것을 계속 가지고 놀고 싶은 아이는 많기 때문이다. 아이들끼리 해결책을 찾기도 하지만, 보통은 먼저 놀잇감을 차지했던 아이가 다른 친구에게 양보하지 않으려고 고집을 부린다. 혹은 반대로 먼저 놀고 있던 친구의 놀잇감을 뺏기도 한다.

"만지지 마! 내 거야!"

이렇게 욕심부리는 아이에게 어떻게 말해야 할까? 사실 이렇게 고집을 피우는 이유는 욕심이 많아서가 아니다. 자신이 좋아하는 놀잇감을 조금 더 가지고 놀고 싶거나, 놀이에 방해받고 싶지 않기 때문이다. 영유아기 발달 시기의 아이라면 누구나 이런 마음을 품을 수 있다. 그러나 어린이집에서는 모두 공평하게 놀잇감을 가지고 놀아야 하는 상황이라 한 아이가 놀잇감을 계속 차지하고 있을 수는 없다. 그래서 아이들끼리의 다툼을 최소화하기 위해 같은 모양과 색깔의 놀잇감을 여러 개 구비해둔다.

양보를 강요하지 않는다

그래도 "내 거야!"라며 놀잇감을 움켜잡는 아이가 있다. 이럴 때는 우선 더 가지고 놀고 싶어 하는 마음을 공감해준다. 그런 후 아이의 행동 뒤에 숨어 있는 욕구가 무엇인지 파악한다.
"더 가지고 놀고 싶은 거니?"
"네."
"그렇구나. 그럼 선생님이 열을 세는 동안만 더 놀고 다음에는 친구에게 줄 수 있어?"
"네."
"그래, 양보해줘서 고마워."
이렇게 말해주고 열을 세면 아이 대부분은 옆에 있는 친구에게 놀잇감을 넘겨준다. 그러나 아이가 여전히 양보하지 않더라도 "약속했잖아!"라며 놀잇감을 빼앗아 다른 아이에게 주지 않는다.

"좀 더 놀고 싶은 거니? 그래, 그러면 얼마나 기다려주면 될까?"

이런 식으로 아이의 욕구를 한번 더 존중해주며, 아이에 대한 믿음과 기다림으로 선택할 기회를 준다. 결국 아이는 자신을 신뢰하는 선생님의 기대에 부응하기 위해 놀잇감을 넘겨주게 된다.

주의할 점! 아이가 아직 양보할 마음의 준비가 되지 않았는데도 아이의 놀잇감을 빼앗아 다른 아이에게 넘겨준다면, 암묵적으로 너도 이래도 된다는 이기심을 가르치는 것이다. 아이와 소통할 때는 어른 대 아이가 아닌, 인간 대 인간으로 접근해야 한다. 아이가 어리니까 무조건 어른의 기준에 맞춰 따르라고 강요하면 안 된다. 아이에게도 중요한 결정에 선택권을 주는 것이 당연하다.

2세인 C는 3월부터 어린이집에 나왔다. 입소 후 계속해서 자기 혼자만 놀잇감을 가지고 놀려고 했다. 이에 친구들과 다툼이 생길 때마다 교사가 일관성 있게 지도했다.

"더 가지고 놀고 싶은 거야? 그렇구나. 그런데 친구도 가지고 놀고 싶어 하네. 선생님이 열 셀 때까지 네가 가지고 놀고 나서 친구에게 줄 수 있어?"

그런 식으로 교육한 지 한 달쯤 지나자 C가 변화되었다.

"선생님이 열 셀 때까지 놀고 친구 나누어주는 거지요?"

C는 이렇게 말하며 친구들과 같이 놀잇감을 가지고 놀기 시작했다.

어린이집뿐만 아니라 가정에서도 이런 일이 일어난다. 아이가 여럿이라 매일 크고 작은 다툼이 일어나는 가정은 물론 외동아이를 둔 가정에서도 마찬가지다. 친구나 사촌이 놀러 오면 아이가 자신의 놀잇감을 양보하지 않으려는 모습이 잦다. 어린이집과는 달리 가정에서는 원래 아이만의 놀잇감이었기 때문에 양보하라고 설득하기가 쉽지 않다.

이때는 먼저 아이의 생각을 물어보자.

"오후에 친구가 놀러 올 거야. 그때 친구랑 같이 놀잇감 나눠 놀 수 있겠어?"

아마 아이들 대부분은 "싫다"라고 대답할 것이다. 이때 혼을 내면 안 된다. 앞서 말했듯이 자신의 것을 독차지하고 싶은 마음은 누구나 가질 법하니 말이다. 게다가 아이에게 큰 의미가 있는 놀잇감이라면 더 그렇다. 하지만 혼자서만 놀잇감을 가지고 논다면, 아이는 친구들과 잘 어울릴 수 없을 것이다.

🌱 마음 조절을 위해 자율성을 준다

이런 경우 아이가 자신의 마음을 조절하도록 이끌어줄 수 있는 방법은 무엇일까? 바로 아이에게 자율성을 주는 것이다.

"그럼 친구한테 주기 싫은 놀잇감 다섯 개만 골라볼래? 그것만 빼놓고 다른 놀잇감은 친구랑 나눠 놀면 어떨까?"

아이가 나누기를 원하지 않는 놀잇감을 스스로 골라 빼놓게 하자. 다만 아이가 전부 주기 싫다며 모든 놀잇감을 빼놓는다면 지도하는 의미가 없기 때문에, '다섯 개'라는 한계를 정해준다. 꼭 다섯 개가 아니어도 괜찮다. 적절한 개수를 제시하면 된다.

혹은 양자택일 방법을 쓸 수도 있다. 이것 역시 부모가 설정한 한계 안에서 아이가 자율적으로 선택하게 이끄는 방법이다. 만약 아이가 놀잇감이 다 자기 것이라며 울고 보챈다면, 이렇게 말해보자.

"친구와 같이 놀잇감을 나눠 놀지 않을 거면, 친구가 집에 놀러 올 수 없을 것 같아. 친구랑 놀잇감을 나눠 놀 거야, 아니면 혼자 놀 거야?"

이때 아이의 행동을 조종할 의도로 협박하듯 말하거나, "친구와 같이 놀지 않으면 놀잇감을 다 버리겠다"라는 등 극단적인 선택을 제시해서는 안 된다. 어디까지나 아이가 자유롭게 두 가지 선택 중에 고르게 하되, 절대 위협적이어서는 안 된다. 그리고 아이가 둘 중 하나를 고른다면 실제로 그 선택대로 행해야 한다. 이렇게 적절한 한계와 자율성을 주면 아이는 강압이 아닌 자신의 선택을 통해 잘못된 행동을 멈춘다.

아이 스스로 놀잇감을 나눌지 말지 결정하게 했으니, 이제 싸움이 일어날 걱정은 하지 않아도 될까? 안타깝게도 그렇지 않다. 다 큰 어른도 약속을 번복하는 마당에, 아이들이라고 다르지 않다. 막상 자기 놀잇감을 가지고 노는 친구의 모습을 보니 짜증이 나거나 다시 자신이 가지고 놀고 싶어져 싸움이 일어나기도 한다. 이럴 때도 부모가 나서서 아이에게 선택권을 주자.

"이렇게 싸우면 같이 놀 수 없어. 이렇게 해보는 건 어때?"

놀잇감을 가지고 노는 횟수에 제한을 두거나, 시간에 제한을 두는 방법이 가장 쉽다. 가위바위보나 제비뽑기처럼 아이들이 재미있어하면서도 쉽게 받아들이는 방법 역시 좋다. 아이가 고르는 방법에 따라 다툼을 중재하자.

다만 시간을 정해 놀잇감을 쓸 때 주의할 점이 있다. 아직 아이들은 시간 개념이 잘 잡혀 있지 않기 때문에, 시간을 감각적으로 이해하도록 기준을 정해준다. 예를 들어, 시간이 흐르는 게 눈으로 보이는 모래시계를 활용하거나, 숫자를 세게 하거나, 분침이 가리키는 숫자가 변할 때 놀잇감을 바꾸는 것이다.

🌱 첫째 아이 살피기가 첫째

여러 자녀 사이의 다툼은 어떻게 중재할 수 있을까? 외동아이와 친구 사이의 다툼과 달리, 형제자매 사이의 다툼을 다룰 때에는 한 가지 더 신경 써야 할 부분이 있다. 바로 첫째 아이의 심리 상태를 살피는 것이다.

외동아이와 달리 첫째는 이미 동생이라는 존재에게 가족의 사랑과 관심을 빼앗긴 경험이 있다. 이 때문에 동생에게 해코지를 하거나 짜증을 부리는 아이도 있다. 첫째 아이가 놀잇감을 독차지하려고 고집을 부리는 것도 이와 비슷한 이유이다.

이런 상황에서 부모가 억지로 놀잇감을 뺏어 동생을 주거나, 동생한테 양보해야 한다고 압박을 준다면 어떨까? 당장은 부모의 권위에 못 이겨 놀잇감을 양보할지라도 동생에 대한 미움이나 자신의 것을 빼앗겼다는 좌절감은 더욱 커질 것이다. 이는 이후 더 큰 문제 행동을 불러일으킨다.

따라서 첫째 아이가 동생에게 놀잇감을 양보하지 않으려 할 때는 가장 먼저 첫째의 마음을 존중하며 다가가야 한다.

"동생이 너랑 같이 장난감 갖고 놀고 싶대. 네 생각은 어때?"

첫째 아이의 마음을 묻는 이 질문 한마디는 곧 첫째에게 힘을 실어주고 지지해주는 느낌을 준다. 형, 언니라서 동생에게 무조건 양보하는 것이 아니라 조금은 자신이 원하는 대로 해도 된다는 안도감을 준다. 이 뒤로는 앞서 말한 순서 정하기 방법으로 놀잇감을 가지고 놀 차례를 정하면 된다.

아이들의 울음소리와 시끄러운 비명 소리를 듣다 보면 이런 갈등을 지켜보는 것이 맞는지 의문이 들 것이다. 부모가 나서면 금방 잦아들 싸움이 몇 분, 몇십 분 이어지는 것을 보면 지치기 때문이다.

하지만 이런 갈등 하나하나에 대한 경험이 모여 아이의 사회성과 문제해결 능력을 위한 밑거름이 된다. 서로의 욕구가 충돌하는 과정에서 아이들은 자신의 감정과 행동을 조절하는 방법을 배운다. 그리고 타인과 잘 어울리기 위해서는 자신의 욕구를 미룰 줄도 알아야 함을 깨닫는다. 이런 깨달음이 모여 아이는 더 나은, 더 옳은 선택을 하는 존재로 성장한다. 일상생활에서 우리가 아이들에게 반드시 가르쳐야 하는 것은 상황에 따른 자기조절과 문제해결 능력이다.

욕심이 너무 많아!

클레어 헬렌 웰시 글
올리비에 탈레크 그림

그림책 《욕심이 너무 많아!》로 욕심부리는 아이에게 말 걸기

《욕심이 너무 많아!》는 제목만으로 "다 내 거야!"라고 외치는 아이들의 마음을 뜨끔하게 만들어줄 것만 같은 그림책이다.

이 그림책은 꽃이며 가지, 놀잇감을 가지고 서로 싸우는 주인공 도트와 오리를 통해 욕심 많은 아이들의 모습을 재미있게 보여주고 있다.

서로의 것을 욕심내면서도 자신이 욕심쟁이라는 생

각은 못 하는 도트와 오리의 모습이 현실의 아이들과 무척 닮았다. 이 그림책을 읽는 아이들도 자신과 비슷한 두 주인공을 보면서 스스로를 돌아보지 않을까.

'그때 나도 친구랑 이렇게 싸웠는데…….'
'이렇게 행동하면 친구가 속상해하는구나!'

때론 부모의 따끔한 열 마디보다 스스로 깨우치는 한 번의 경험이 아이를 더욱 크게 바꾼다.

만약 아이가 욕심 때문에 친구 관계에 어려움을 겪고 있다면, 조용히 《욕심이 너무 많아!》를 꺼내 함께 읽어보자. 책이 전하는 울림이 아이의 마음에 스며들어 친구에게 이렇게 말하게 될 것이다.

"우리, 언제나 함께 놀자!"

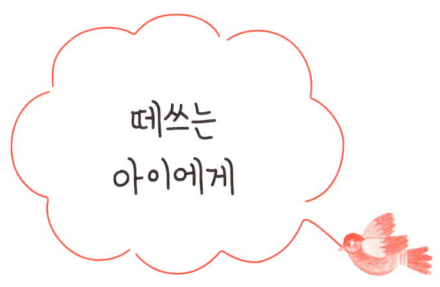

떼쓰는
아이에게

💬 0~5세 아이를 키우는 부모들에게 마트는 공포의 장소다. 예쁜 공주 인형, 귀여운 캐릭터 문구, 알록달록 자동차와 로봇 장난감, 달콤하고 짭짜래한 갖가지 간식까지! 마트는 아이들이 원하는 모든 것이 모여 있다. 그러니 아이들에게는 천국이자 부모들에게는 지옥이다.

행여 아이들 눈에 뭐라도 들어올까 싶어 얼음판 위를 미끄러지듯 빠르게 카트를 밀어보지만 언제나 부모보다 아이가 빠르다.

"엄마, 나 저거!"

"아빠, 이거 사줘, 이거!"

아이의 한마디로 시작된 부모와의 감정 줄다리기는 말과 말이

오가며 팽팽해진다. 몇 번을 말해도 부모가 들어주지 않자 급기야 아이는 마트 바닥을 무대 삼아 드러누워 울기 시작한다. 아이의 단독 무대를 구경하러 모인 관객들의 시선을 견디지 못한 부모는 결국 "이번이 마지막이야!"라며 아이가 원하는 물건을 안겨주고 만다. 흔하게 볼 수 있는 마트의 풍경이다.

혹시 이렇게 징징거리는 아이를 보면서, '저 집 아이는 왜 저럴까?' 하고 생각해본 적 있는가? 아니면 눈앞에서 드러누워 우는 내 아이를 보면서 '우리 아이는 왜 이럴까?' 하고 생각해본 적 있는가? 만약 그렇다면 이제 아이에서 부모에게 눈을 돌릴 때다.

❣ 허용 범위를 정한다

아이가 부모와 함께 다닐 때 고집을 부리거나 소리를 지르는 등 문제 행동의 모습을 보이는 경우가 있다. 이는 보통 부모가 한계를 명확하게 일러주지 않았기 때문이다. 정확한 안내를 받지 못한 아이는 자신의 행동이 어디까지가 허용되고 허용되지 않는지 모른다. 또한 상황에 따라 부모의 태도에 일관성이 없으면 아이는 부모의 행동을 예측할 수 없으므로 떼를 써보는 것이다.

이때 지난번과 다른 부모의 훈육은 아이의 마음에 '마른하늘에 날벼락'이 되어버린다. 난데없이 날벼락을 맞았는데 침착할 수 있는 아이가 어디 있을까? 갑자기 뒤통수를 맞은 듯한 억울함은 문제 행동으로 나타나는 것이다.

　많은 아이를 통솔해야 하는 어린이집에서는 무엇보다 아이들에게 주의사항과 활동 내용을 미리 안내하기를 매우 중시한다. 현장학습을 갈 때도 아이들에게 지금 가는 곳이 어디인지, 사전 예방 교육을 한다. 예를 들어, 숲 현장학습을 앞두고 어린이집 교사는 아이들에게 이렇게 말한다.

　"자, 버스에 탔으니까 가장 먼저 무엇을 해야 할까? 그래, 안전벨트를 매야 해. 안전벨트를 맬 때 잘 못 매겠으면 도와달라고 해. 그리고 차 안에서 떠들면 운전하시는 선생님이 안전하게 운전할 수 없으니까, 가는 동안 모두 조용히 하자. 멀미가 나는 사람은 선생님한테 얘기해줘. 앞자리에 앉혀줄게.

　그리고 버스에서 내리면 우리 모두 숲에 올라갈 거야. 숲에 올라갈 때는 뛰면 안 되는 거, 다들 알지? 친구 손은 잡지 않을 거야. 같이 넘어지면 더 위험하거든. 도움이 필요하면 선생님에게 알려줘. 선생님이 손잡아줄게.

　마지막으로, 선생님보다 먼저 가는 것은 괜찮지만, 선생님이 보이지 않는 곳까지 가면 길을 잃어 위험할 수 있어. 항상 선생님이 보이는지 확인하면서 가렴!"

당연한 말을 장황하게 하는 것처럼 느껴질 것이다. 아이들에게는 꼭 필요한 설명이다. 아이들은 사소한 것 하나하나 말해주지 않으면 모른다. 물론 모든 사건 사고를 예방하기는 쉽지 않다. 하지만 아이들의 행동을 잘 살펴서 자주 하는 몇 가지 행동에 대한 대처 매뉴얼을 만들 수는 있다.

아이들은 행동 범위를 알려주지 않으면 부모가 원하는 것이 무엇인지 잘 모른다. 그래서 부모가 정한 선을 넘고 있다는 사실을 모른 채 통제할 수 없는 행동을 한다. 선이 있는지도 몰랐던 아이에게 따끔한 훈육이 의미가 있을까? 아이의 문제 행동은 고쳐지지 않고 불안만 더 커질 뿐이다. 그러므로 아이들에게 허용되는 행동 범위를 반복적으로 명확하게 일러주는 것이 중요하다.

앞서 말한 아이의 반복적인 행동에 대처하는 매뉴얼도 도움이 된다. 이를 가족 외출에서 응용해보자. 아이가 일으킬 수 있는 잠재적인 행동에 대한 주의사항과 규칙을 만드는 것이다. 외출하기 전, 아이에게 미리 알려주는 것만으로도 떼쓰기를 줄일 수 있다.

같은 상황인데, 부모의 대처 방법이 그때그때 다르면 아이는 혼란스럽다. 즉흥적으로 내뱉은 규칙은 기억할 수 없어 일관성과 신뢰성이 떨어진다. 가능하면 상황에 맞는 우리 가족만의 규칙 매뉴얼을 문서로 만들면 좋다. 그리고 그 상황에 놓이기 전에 꺼내어 함께 읽어본다. 미리 정한 기준이 있으면 아이는 안정을 느끼고 신뢰한다. 그 기준을 지키며 바른 습관으로 자리 잡을 수 있다.

마트에서 물건을 살 때도 이런 방법을 적용한다. 하지만 아이와 부모 사이의 문제에서 항상 그렇듯이, 부모가 먼저 아이와의 갈등을 최소화하려고 노력해야 한다. 평소에 이리저리 돌아다니며 즉흥적으로 물건을 골라 담는 습관이 있다면, 이제 바뀌어야 한다. 마트에 가기 전 꼭 사야 할 물건 목록을 적고, 해당 물건이 진열된 코너만 다니도록 동선을 짠다. 아이가 다른 물건들에 주의를 빼앗기지 않도록 말이다.

솔직하게 서로의 생각을 나누기

이것은 어디까지나 예방책이다. 어렸을 때 우리도 부모님이 사주시는 떡볶이가 좋아서, 혹은 가지고 싶은 물건이 있어서 시장에 따라가곤 했다. 요즘 아이들도 마찬가지다. 처음부터 무언가를 사달라고 할 생각으로 부모를 따라나설 때가 있다. 이런 경우에는 놀잇감 코너와 떨어진 곳만 빙빙 돈다 한들 소용없다. 이미 아이의 머릿속에 놀잇감 코너가 펼쳐져 있기 때문이다.

이런 상황을 만들지 않기 위해 마트에 가기 전, 먼저 서로의 생각을 솔직하게 나누는 것이 좋다. 아이에게 물건을 가지고 싶은 마음을 억지로 없애라고 할 수는 없다. 그렇다면 이야기를 나누어 아이와 부모가 타협할 만한 부분을 찾는 것이 더 낫다.

우선 마트에 가기 전, 여유 시간을 두고 아이를 불러 마트에 가면 무엇이 사고 싶은지 물어보자. 이때 부모가 마트에 가는 이유와 계획을 함께 설명해준다.

"오늘 먹을 저녁거리를 사러 마트에 갈 거야. 닭고기, 감자, 대파, 양파를 사야 해. 저녁 메뉴가 카레라이스거든. 어때?"

이렇게 앞으로의 계획을 자세히 이야기해주면, 아이가 스스로 할 일을 미리 준비하고 계획하는 방법을 익힐 수 있다. 그리고 아이와 부모 모두 안심이 되는 좀 더 구체적인 행동 규칙을 정한다. 예를 들어, '사람이 너무 많아 위험하니까 엄마 손 꼭 잡고 있어야 해', '카트에서 일어나지 말고 얌전히 앉아 있어야 해' 따위의 주의 사항을 아이에게 일러준다. 또한 아이가 원하는 물건을 살 수 있는지 알려주고, 살 수 없다면 왜 그런지도 이유를 잘 설명해준다.

마지막으로, 아이가 부모의 말을 잘 따라주었을 때 적절한 보상을 해주는 것도 좋다. 돈이나 물질적인 것을 쉽게 떠올리겠지만, 이런 경우 오히려 아이를 보상을 위해 움직이는 수동적인 존재로 만들 수 있다. 그보다는 '놀이터에서 한 시간 놀기', '그림책 한 권 읽어주기'처럼 부모와 뜻깊은 추억을 남길 수 있도록 해주는 것이 진정한 의미의 보상이다.

마트에 가면 뭐 하나를 사 들고 와야 직성이 풀리는 아이 때문에 고민하는 엄마가 있었다. 나는 행동의 한계를 명확히 정해주라고 조언했다. 이후 엄마는 마트에 가기 전 아이에게 미리 알려주었다.

"지난번처럼 장난감 사달라고 떼쓰면, 엄마는 물건을 사지 않고 그냥 집에 돌아올 거야. 그리고 앞으로는 엄마 혼자 마트에 갈 거야."

그러고 나서 아이와 마트에 갔지만, 처음 몇 번은 아이의 투정이 너무 심했다. 엄마는 약속대로 아이를 집에 데려다주고 혼자 다시 마트를 가는 불편을 여러 번 감수했다. 그러자 이런 과정을 통해 아이는 엄마가 약속대로 한다는 걸 깨달았다. 그 이후 허용 한계를 명확히 이해하고는 마트에서 더는 떼를 쓰지 않게 되었다.

"오늘 마트에 가면 엄마 물건만 사지? 내 장난감은 사는 거 아니지?"

이렇게 받아들이며 자신의 감정과 욕구를 조절하게 된 것이다.

흔히 떼를 쓰고 짜증을 부리는 아이를 문제아동으로 오해하기 쉽다. 하지만 진짜 문제는 부모에게 있다. 부모가 일관된 양육 태도를 보이지 않고, 그때그때 상황에 따라 대하면 아이는 부모의 행동을 예측할 수 없으므로 떼를 쓰는 것이다. 즉, 아이의 행동은 부모에 의해 만들어지는 경우가 대부분이다.

부모가 아이의 의견을 존중하고 합리적으로 대한다는 믿음이 생기면 아이도 부모를 존중하며 자신의 감정을 조절할 수 있게 된다. 부모가 아이의 행동을 문제 삼기에 앞서 양육 태도의 일관성을 점검해야 하는 이유다.

부모는 아이에게 되는 것과 안 되는 것의 명확한 한계를 알려준다. 무조건적인 허용은 오히려 아이를 불안하게 만든다. 명확하게 세운 정서적 울타리는 아이를 잘 자라도록 돕는다.

일관된 태도란 아이가 언제나 예측 가능한 부모의 행동이다. 아이가 반항하고, 짜증 내고, 공격적인 행동으로 힘겨루기를 하는 까닭은 부모의 양육 태도가 일관되지 않고 아이 감정과 욕구에 공감해주지 못한 탓이다.

부모의 일관된 양육 태도는 단순히 아이에게 말을 잘 듣게 하기 위함이 아니다. 할 수 있는 것과 없는 것을 명확히 정해주면, 아이는 그 한계 안에서 자기조절 능력과 자율성을 기른다. 부모가 일관성 있게 이 기준을 지킨다면, 아이는 세상을 사는 규칙을 이해하고 안전하고 건강하게 보호받으며 자랄 수 있다.

🌱 부모의 가치관과 일관성이 중요

　엄마는 허락했는데 아빠는 허락하지 않거나 반대의 상황이 일어난다면, 아이는 허락해주는 쪽에 애착을 가지고 자신을 통제하는 부모를 싫어하게 된다. 이는 상황에 따라 입장을 바꾸는 기회주의적 성격을 심어줄 수도 있어, 부모는 아이와 함께 가족회의를 열어 '우리 가족의 가치관은 이러하다'라는 것을 설명해주어야 한다.

　예를 들어, 어릴 때부터 무분별한 휴대전화 사용을 막고 싶으면 몇 살 때부터 사용이 가능한지, 휴대전화 허용 기준을 집안의 가치관에 따라 아이에게 설명해준다. 휴대전화를 사주든 사주지 않든, 부모의 즉흥적인 기분이 아니라 바른 가치관에 따른 결정이어야 한다.

　만약 부모의 기분에 따라 아이를 양육한다면, 아이는 자신의 감정보다 주변의 환경을 살핀다. 부모의 기분을 살피며 자신의 행동을 결정하는 아이는 사회에 나가서도 타인의 눈치를 살피며 결정한다. 타자중심적인 사람, 곧 자신의 감정을 잘 인식하지 못하는 자아가 약한 사람으로 자랄 수 있다. 따라서 부모의 가치관과 일관성은 아이의 올바른 성장을 위해 아주 중요한 요소이다.

화가 나서 그랬어!

레베카 패터슨 글·그림

그림책 《화가 나서 그랬어!》로 떼쓰는 아이에게 말 걸기

아이 대부분은 1세 전후에 울거나 화를 내기 시작해 몇 해 동안 그 강도가 강해지고 빈도도 잦다. 아이가 울거나 화를 낼 때 교사와 부모는 매우 힘겹다. 기쁨, 슬픔, 부끄러움 등 아이들의 다양한 감정을 시시때때로 보지만 이 '울음과 화'는 가장 다루기 어렵기 때문이다. 덜 힘겨우려면 아이의 울음과 화가 어디에서 오는지 파악해야 한다.

감정을 이해하고 조절하며 표현하기 위해서는 세분

화할 줄 알아야 하는데 아이는 '대강 뭉쳐서 울음이나 화로 표출'한다. 그래서 자신의 감정을 이해하고 조절하는 능력이 부족하다고 하는 것이다.

이 그림책은 막 자아 인식이 생기기 시작한 아이가 수줍고 당황스러우며 질투를 느끼거나 할 때 화를 터뜨리는 모습을 보여준다. 가정이나 어린이집, 형제자매가 함께 있을 때, 친구네 놀러 가서도 흔히 벌어질 수 있는 장면이다. 자기만의 욕구를 표출하기는 하는데 아직 상황 파악과 자기 조절 능력이 부족하기에 내 방에서 나가라거나 내 과자가 부러졌다는 식으로 소리를 지르며 화내는 모습을 드러낸다. 이럴 때 아이의 발달단계를 이해해 이렇게 말을 걸어보자.

"울지 않고 말했으면 좋겠어. 화내지 말고 말했으면 좋겠어. 그래, 그거야. 울지 않고, 화내지 않고 말하니까 우리 아기 참 예쁘네."

😌 부모들이 육아를 하면서 가장 힘들어하는 부분 중 하나는 바로 아이들이 밥을 먹지 않는 것이다. 아무리 맛있는 재료로 밥을 만들어 주어도 몇 술 뜨고 일어나거나, 한 입 먹고 여기, 두 입 먹고 저기 기웃거리며 밥이 다 식도록 딴짓한다. 왜 아이들은 이토록 밥 먹기를 싫어할까? 이유는 단순하다. 밥 먹는 재미를 느끼지 못하기 때문이다.

🌱 먹는 재미부터 들이는 게 먼저

아이가 아직 이유식을 떼지 않았다면, 이유식 단계에서부터 먹는 재미를 들여주어야 한다. 이유식을 하는 목적은 다양한 음식에 대한 경험을 통해 아이의 입맛을 살려주기 위해서다. 곡물, 야채, 육류 등 다양한 식재료로 이유식을 만들되, 초기에는 한 번에 한 가지 재료만 써서 만들어본다. 알레르기 여부를 판별하기 좋을 뿐 아니라 해당 재료에 아이가 어떤 반응을 보이는지 알아채기도 쉽다. 또한 재료 하나하나의 맛이 온전히 살아 있으므로 아이가 좀 더 넓은 범위의 맛을 경험할 수 있다.

여러 재료가 섞인 이유식은 여러 맛이 구별된 것이 아닌, 모든 재료가 섞인 한 가지의 맛만 경험할 수 있을 뿐이다.

또한 아이가 좋아하는 음식으로만 밥을 먹이는 것도 피해야 한다. 아이가 좋아한다고 햄, 소시지, 김만 먹인다면 야채나 곡물의 다양한 맛을 즐길 기회가 사라진다.

음식에 대한 거부감을 줄이는 것도 매우 중요하다. 예를 들어, 우리 어린이집에서는 처음에 적당한 양을 배식한다. 너무 많은 양의 음식을 받으면 아이가 부담을 느끼기 때문이다. 부담감은 곧 아이가 식사를 피하거나 싫어하는 이유가 된다. 이것을 막기 위해 처음에는 적당량을 주고, 더 먹겠다고 하는 아이에게는 더 주는 식으로 양을 조절한다. 아이들은 이를 통해 작은 성취감을 맛볼 수가 있다.

잘못된 식습관은 단호하게 바로잡기

다양한 식재료로 입맛을 깨워주고, 식사에 대한 거부감을 줄였는데도 아이가 좀처럼 밥을 먹지 않으려는 경우가 있다. 그 이유는 간식을 너무 많이 먹거나, 식습관이 잘못 들여졌기 때문이다.

하루는 한 부모가 "아이가 밥을 안 먹어서 속상하다"라고 하소연했다. 아이러니하게도 그 아이는 어린이집에서 밥을 잘 먹었다. 알고 보니 이 아이는 어린이집에서 하원하는 길에 엄마와 함께 마트에 들러 간식을 사 먹는 게 습관이 되어 있었다. 저녁을 제대로 안 먹는 것은 당연했다. 이런 경우는 간식의 양을 체크하고 부모가 조절해준다. 간식을 아이 눈에 띄는 곳에 두지 않으면 밥 대신 간식을 먹으려는 일도 차츰 줄어든다.

잘못된 식습관을 바로잡으려면 조금 더 많은 노력이 필요하다. 보통 잘못된 식습관을 가진 아이는 계속해서 음식을 먹지 않고 장난을 치거나 돌아다니면서 먹는다. 이 경우, 우선 그 행동에 대해 명확히 주의를 주어야 한다. 식사할 때는 돌아다녀서는 안 되며, 얌전히 앉아서 밥을 먹어야 한다는 식사 예절을 구체적으로 알려주는 것이다. 그래도 아이가 문제 행동을 계속 보이면 부모가 정한 규칙을 단호하게 말해준다.

"이렇게 계속 돌아다니면서 먹으면 엄마가 밥 치울 거야."

처음에는 아이도 긴가민가할 것이다. 사랑하는 엄마가 설마 내 밥을 치울까 눈치를 보기도 한다. 이때 망설이지 말고 단호하게 밥을 치워야 한다. 대신 한 번이라도 이 규칙을 지키지 않거나, 감정적으로 아이를 대해서는 안 된다. 아이가 아무리 배고프다고 보채더라도 아이가 식사 예절을 지키지 않아서 음식을 치웠다는 사실을 계속해서 말해주어야 한다.

물론 이 과정에서 부모는 당연히 마음이 아프고 괴로울 것이다. 아이를 먹게 하기 위해, 밥을 빼앗아야 하니 모순도 이런 모순이 없다. 하지만 마음이 약해져서 부모 스스로 제시한 규칙을 깨고 밥이나 다른 간식을 준다면, 앞으로도 아이에게 부모의 말은 우스운 허풍이 되어버릴 것이다. 부모가 일관된 태도를 보이지 않는다면, 아이는 부모를 믿지 않고, 부모의 말에 협조할 수도 없다.

게다가 이런 과정은 한 번으로 끝나지 않는다. 이번에는 아이가 부모의 단호한 태도에 잘 따랐더라도, 다음에 또 눈치를 보며 밥을 거부할 수도 있다. 무엇이든 하루아침에 이루어지는 것은 없다. 양육자로서 아이의 변화를 인내심 있게 기다리며 아이의 성장을 도와야 한다.

1세인 P는 자꾸 돌아다니며 밥을 먹는 아이였다. 이 때문에 P의 엄마는 아이를 쫓아다니며 밥을 먹여주어야 했다. 그날도 P가 식사 시간에 돌아다니자, 엄마는 이렇게 말했다.

"이제부터 네가 밥을 먹지 않고 돌아다니면 식탁에서 밥을 치울 거야."

엄마는 이 말을 행동으로 옮겼다. P는 처음에 귀찮게 밥을 먹지 않아도 되어서 기뻐했다. 그러나 밤이 되어 배가 고파지자 냉장고 앞에서 밥을 달라 보챘다. 하지만 엄마는 단호했다.

"안 돼. 엄마가 돌아다니면서 밥 먹으면 치운다고 했지? 그리고 네가 먼저 밥 먹기 싫다고 했잖아. 그래서 배가 고파도 지금은 밥을 줄 수가 없어!"

P의 부모는 그날 밤 작은 다툼이 있었다. 아빠는 규칙이긴 하지만 아이가 배고파하니 그냥 주자고 했고, 엄마는 아이의 버릇을 고치려면 줄 수 없다는 이유였다.

다음 날 아침, 아이는 먼저 달려와 밥을 먹었다. 그 뒤로도 비슷한 일이 생기면 엄마는 규칙대로 밥을 치웠다. 이후 아이는 밥을 먹을 때면 자리에 얌전히 앉아 잘 먹게 되었다.

🌱 떠먹여주지 말 것

나이에 따라 다르긴 하겠지만, 아이가 손을 잘 쓰지 못해 밥을 흘린다 해서 습관적으로 떠먹여주지도 말아야 한다. 아이의 성장을 적극적으로 방해하는 것과 다름없기 때문이다. 당장 아이의 턱받이나 옷, 식탁을 치우기 힘들고 귀찮아서 그런 선택을 하는 경우가 많다.

하지만 눈과 손이 조화롭게 움직이는 능력을 키우고, 스스로 해내는 효능감을 맛보려면 아이 스스로 밥을 먹는 훈련은 피아제가 말한 인지발달단계 중 감각운동기 시기임으로 꼭 필요하다. 아이에게 밥을 떠먹여 주는 것은 아이 스스로 먹는 훈련을 할 기회를 빼앗는 것이다.

이는 아이를 더 오래 미숙한 상태로 두어 계속 양육자의 손을 타게 만든다. 아이의 발달을 양육자의 손으로 늦추는 셈이다. 먹여주는 시간을 아이가 먹으며 흘린 바닥을 청소하는 데 쓰면, 아이는 점점 독립적으로 행동하고 자기 자신에 대한 만족감과 효능감이 커질 것이다.

모든 부모는 아이가 독립적으로 성장하기를 바랄 것이다. 그 바람을 이루기 위해서라도 빨리 해주고 싶은 마음을 조금만 더 단호하게 참아보자.

**판타스틱
반찬 특공대**

김이슬 글
이수현 그림

**그림책 《판타스틱 반찬 특공대》로 밥 안 먹는 아이에게
말 걸기**

깨끗하고, 싱싱하고, 건강하게 해주는 갖가지 반찬들을 먹지 않는 다온이. 늦은 밤, 다온이가 엄마 몰래 버린 반찬들이 냉장고 밑에 모였다. 잇자국이 난 깍두기, 반으로 잘린 밥알, 시든 시금치, 먼지가 묻은 멸치. 이들은 쓸모없어 보이지만 멋진 작전을 수행하고 있는 '반찬 특공대!'다. 다온이에게 영양 만점인 '생존 반찬'들을 먹이기 위해 결성되었다.

브로콜리는 식판 위에 몰래 누워보았다. 완두콩은 새총을 이용해서 다온이의 입안으로 들어가 보려고 했다. 당근은 소시지인 척하며 스파게티 속에 숨어 있었다. 하지만 모두 실패. 다온이는 귀신같이 채소들을 골라냈다. 결국 다온이의 편식은 고치지 못할까? 《판타스틱 반찬 특공대》의 결말은?

소풍 간 날, 다온이는 엄마가 싸준 도시락을 싹싹 비웠다. 그 안에 다온이가 싫어했던 채소들이 잔뜩 있었는데 말이다. 어떻게 된 걸까?

《판타스틱 반찬 특공대》는 편식하는 아이의 바른 식습관을 유도하는 그림책이다. 무조건 먹이려고 애쓰지 말고 이 그림책에서 보여준 방법대로 아이가 좋아할 만한 도시락을 준비해보는 것은 어떨까?

"이것 봐! 너무 맛있겠지? 숟가락에 듬뿍 올려서 입속으로 보낼게. 아, 해봐."

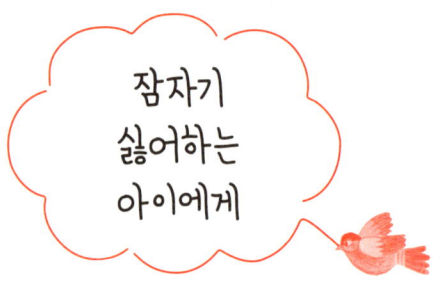

잠자기 싫어하는 아이에게

💬 누구나 어릴 적 동생처럼, 또는 친구처럼 인형을 끼고 잤던 적이 있을 것이다. 인형이 아니라 다른 물건일 수도 있다. 무엇이 되었든, 우리가 한때 정을 붙였던 물건은 한 사람의 삶의 흔적과 추억을 고스란히 담고 있다. 이런 물건은 보고만 있어도 어린 시절의 따듯하고 즐거운 기억을 불러일으킨다.

하지만 애착의 정도가 과하면 문제가 된다. 우리 어린이집에 다니던 한 아이는 담요를 항상 가방에 가지고 다녔다. 아이의 부모가 맞벌이를 해서 부모보다는 할머니의 손을 더 많이 타며 자랐다. 심지어 밤에 잘 때도 엄마 아빠가 잠을 제대로 못 자면 다음 날 출근에 지장이 생긴다는 이유로 할머니가 데리고 잤다.

그때마다 할머니는 아이에게 담요를 덮어주었다. 그리고 아이는 어린이집에서도 그 담요를 들고 다녔던 것이다. 두 살 때부터 초등학교 4학년이 된 지금까지도 아이는 담요를 자신의 친구라고 이야기하며 어디든 가지고 다닌다. 아이가 가지고 다니기 편하도록 담요를 자른 적도 있었지만, 결국 다시 꿰매야 했다. 그 정도로 담요에 대한 아이의 집착은 대단했다.

❦ 애착물로 상실감과 공허함을 채우는 아이

아이들이 애착물에 집착하는 이유는 무엇일까? 아마도 부모와의 애착이 아이가 만족스러워할 만큼 긍정적이지 않거나, 또는 아이에게 너무 일찍 독립 수면을 시켰기 때문이 아닐까 싶다. 부모와의 애착이 충분히 만들어지기 전 아이를 분리해 잠을 재우면 아이는 부모 대신 애착물에 자신의 마음을 주기 시작한다.

이 애착물을 정신분석학의 대상관계 이론에서는 '중간 대상'이라고 부른다. 아이가 아무리 부모를 부르고 붙들어도 부모는 곁에 남아주지 않으니, 부모 대신 자신이 항상 지니고 다닐 수 있는 대상을 선택해 상실감과 공허함을 채우는 것이다. 이 중간 대상물은 담요일 수도 있고, 인형일 수도 있다. 아이의 곁에 있는 것이라면 무엇이든 중간 대상물이 될 수 있다.

　　H는 엄마와 비슷한 냄새가 나는 조끼를 가지고 다녔다. I는 아주 어릴 때부터 원숭이 인형을 들고 다녔다. 인형을 잃어버렸을 때 엄청나게 불안해했고, 같은 인형을 사주었으나 그 인형은 쳐다보지도 않았다. 그리고 J는 베개에 집착해서 두 개의 베개를 가지고 다녔다. 자기 전에 자신이 애착을 가진 베개에 코를 대고 냄새를 맡지 않으면 잠을 자지 못했다.

　이런 아이들의 모습을 보면 마음이 아프다. 아마 이 아이들은 부모와 떨어져 있는 동안 불안한 마음을 중간 대상인 익숙한 애착물에 의지하는 것은 아닐까. 얼굴에 비비거나 끌어안고 다니면서 말이다.
　그런데 요즘의 육아 방식을 살펴보면 아이의 독립심을 키우기 위해 일부러 아이를 떨어뜨려놓기도 하는 것 같다. 어떤 엄마가 SNS에 아이를 출산한 후부터 2세가 되기까지의 과정을 매일 올리는 것을 보았다. 그런데 이 엄마는 아이가 돌이 되기 전부터 아이 방에 CCTV를 설치하고 아이 침대에 혼자 재우는 연습을 했다. 처음에는 엄마가 아이 곁에 함께 누워서는, 아이가 잠들기 전에 먼저 잠든 척을 한다. 아이를 토닥이며 재워주지도 않고, 이야기를 나누지도 않는다. 그렇게 아이가 반응 없는 엄마를 건드리다 잠이 들면, 엄마는 살그머니 밖으로 나온다. 아이가 중간에 깨거나 뒤척였지만, 엄마는 마음 아파하면서도 혼자 자는 습관을 들이기 위해 방으로 들어가지 않았다.

속상하고 안타까웠다. 함께 누운 그 시간에 엄마가 아이의 머리를 쓰다듬어주거나, 안아주고 토닥여주는 것만으로도 아이는 안정감을 느낀다. 같은 공간에 있으면서도 엄마는 왜 아이에게 어떤 스킨십도 해주지 않는 것일까. 결국 아이는 아무리 불러도 오지 않는 엄마 대신 인형을 만지작거리다 잠들었다.

그 모습을 보며 많은 생각이 들었다. 엄마도 아이도 힘든 이 일을 왜 계속하는 것일까? 독립 수면을 꼭 그렇게 어린 나이에 해야 할까?

물론 외국에서는 6개월 이전에 혼자 자는 연습을 시키라고 하기도 한다. 또는 낯가림이 시작되기 전, 되도록 일찍 독립 수면을 하는 것이 좋다는 이야기도 있다. 하지만 '좋다'는 것이 과연 아이의 무엇에 좋다는 의미일까?

독립심은 그렇게 한다고 형성되는 것이 아니다. 아이를 믿어주고 건강한 가족체계 안에서 친밀감을 바탕으로 서서히 분화되도록 해야 한다. 그러면서 언제든 부모에게 달려올 수 있는 안전기지 역할을 하는 것이 아이를 진정으로 독립시키는 방법이다.

🌱 아이는 왜 잠을 안 자려는 걸까

아이가 어릴 적부터 혼자 잘 잔다면 부모는 어떨까? 편하고 든든할 것이다. 하지만 아이의 입장에서 생각한다면, 태어난 지 얼마 안 된 아이를 혼자 재우는 것은 위험하다. 물론 육아에 지친 부모가 모두 잠든 밤만큼은 편안하게 쉬고 싶어서 아이에게 독립 수면을 시킬 수도 있을 것이다.

하지만 내 생각은 조금 다르다. 어차피 아이들은 애착이 잘 맺어져 부모에 대한 믿음이 생기면 자연스럽게 자율성이 생긴다. 그리고 이를 바탕으로 자기주도성을 가지는 순간 자신만의 방을 달라고 이야기한다. 이 시기가 아주 늦어도 초등학교에 가기 전에 이루어진다. 생각보다 머지않은 이야기이다.

그러니 어차피 독립 수면을 시켜야 한다면, 처음에는 부모가 아이와 한 침대에서 생활하다가 수면 분리, 즉 한 공간에서 침대를 따로 쓰는 기간을 거친다. 그러고 나서 아이가 초등학교에 들어갈 즈음 입학 기념으로 아이의 방을 만들어주면서 자연스럽게 독립을 시키는 것이 좋다. 독립심을 키워주기 위해 일찍 아이를 분리시키는 것은 오히려 아이의 불안과 의존성을 높일 수 있다.

상상해보자. 누군가와 함께 잠들었는데 일어나보니 그 사람이 사라져 있는 것이다. 이런 상황에서는 어른도 허전함을 느끼고 당혹스러울 것이다. 하물며 어린아이는 얼마나 놀라겠는가? 분명 부모와 함께 잠들었는데, 문득 깨어보니 어둠 속에 혼자 남겨져 있다면 당혹을 넘어 두려움에 빠질 것이다. 이런 상황이 반복되면 분리불안으로 이어질 가능성이 높다.

반대로, 자다 눈을 떴는데 부모가 여전히 곁에서 잠들어 있다면 아이는 편안한 기분에 휩싸인다. 포근한 엄마 냄새와 따뜻한 아빠의 체온은 아이에게 안정감을 준다. 이처럼 부모에 대한 애착과 믿음은 잠을 자는 동안에도 쌓이거나 무너질 수 있다.

아이와 함께 잘 때보다 아이를 떼어놓고 잘 때 더 편한 것은 사실이다. 하지만 너무 일찍 아이의 잠자리를 분리하면 갈 곳 잃은 아이의 애착은 부모 대신 다른 사람이나 물건으로 향할 것이다.

그런데 아이와 같이 자고 싶어도 잘 수 없는 경우가 있다. 아이가 잠자기 싫어하거나, 너무 늦게 자는 경우다. 이럴 때는 아이를 재우는 것부터가 중노동이다.

"빨리 와서 양치해! 내일 아침에 또 늦잠 자려고 그러지!"

"자기 싫어. 더 놀래!"

하루의 피로가 어깨를 짓누르는 와중에 아이와 입씨름을 하다 보면 애착은커녕 미움만 쌓이는 듯하다. 왜 아이들은 잠드는 것을 그렇게 싫어할까? 이럴 때는 부모의 수면 습관을 돌아보면 이유를 쉽게 알 수 있다.

예를 들어, 부모는 TV를 보면서 아이에게는 들어가 자라고 한다면 아이는 순순히 방으로 들어가지 않을 것이다. 또 부모가 밤에 야식을 먹거나 집 안의 불을 모두 켜놓고 떠든다면, 아이는 지금이 자야 할 시간임을 인지하지 못할 것이다.

잠자리에서 부모의 사랑을 듬뿍 전하기

되도록 잠자리에 들기 1시간쯤 전부터 잠잘 준비를 시키는 것이 좋다. 잠들지 않는 아이에게 주의를 주기 전, 야식이나 소음, 조명을 조절해 아이가 쉽게 잠들 수 있는 분위기를 먼저 만들어야 한다. 잠자는 시간을 정해 아이와 부모 모두가 지키는 습관을 만드는 것도 좋다. 이러한 규칙은 아이들에게 안정감을 준다.

잠자는 것 자체를 싫어하는 아이라면, 잠에 대한 인식을 바꾸도록 긍정적인 수면 습관을 들여준다. 예를 들어, 자기 전에 하는 목욕이나 양치를 귀찮은 일이 아니라 부모와 함께하는 즐거운 시간으로 만들어준다. 잠들기 전, 아이가 좋아하는 그림책을 한 권 읽어주는 것도 괜찮다. 무작정 읽어달라는 대로 다 읽어주기보다는, 하루에 한두 권씩 정해 읽어주는 것이 낫다. 엄마 아빠의 목소리로 들려주는 이야기는 아이의 정서 안정과 언어 발달에 도움이 된다.

아이가 대화를 나눌 수 있을 정도로 자랐다면, 하루의 일과를 서로 이야기하며 나누는 것도 바람직하다. 이처럼 잠드는 시간은 부모와 아이가 서로 실랑이하며 지치는 것이 아닌, 느긋하고 편안한 대화의 시간이어야 한다.

마지막으로 추천하고 싶은 방법은 우리 가족만의 '잠자리 의식'을 만드는 것이다. 보통 종교가 있는 가정에서는 자기 전 아이 머리에 손을 얹고 기도하는 식으로 이루어지지만, 사실 어떤 방식이든 상관없다. 아이에게 사랑을 표현해주는 것이 중요하기 때문이다. 잠들기 전 입을 맞추거나, 등과 머리를 쓰다듬으며 이렇게 말해주는 것만으로도 충분하다.

"사랑해, 우리 아가."

촉각을 통한 사랑 표현도 좋지만, 청각, 시각 등 여러 감각을 이용해 사랑을 쏟아주자. 그 사랑은 아이의 온몸과 마음에 따듯하게 스며든다. 한 엄마는 아이가 잠들기 전에 시를 읽어준다고 한다. 그중 잠들기 직전에 읽어주는 짧은 시 '하이쿠'와 같은 것을 만들어 읊조리는 것도 방법이다. 엄마가 일방적으로 읽어주는 것이 아니라, 아이와 함께 읊조리는 시를 만들어 잠잘 때마다 되뇌는 것이다.

"잘 자, ○○야."

"잘 자, 엄마."

"예쁜 ○○ 사랑해."

"예쁜 엄마 사랑해."

"꿈속에서 만나."

"꿈속에서 만나."

엄마가 어릴 적부터 자기 전 이 시를 읊조린다면, 아이는 이 시가 끝나면 자야 한다는 것을 안다. 매번 다른 사랑의 말로 재워주는 것도 좋지만, 이렇게 정해진 하이쿠를 읊조리며 재운다면 아이는 커서도 엄마와 함께 시를 주고받은 기억을 따듯하게 간직할 것이다.

엄마뿐 아니라 아빠도 아이의 잠자리 의식을 대신해줄 수 있다. 부부가 서로 상의해 번갈아가며 아이를 돌본다. 자기 전에 엄마가 목욕을 시켰다면 아빠가 아이를 재우고, 아빠가 목욕을 시켰다면 엄마가 아이를 재우는 식이다. 이렇게 부부가 함께 육아에 참여하면 아이는 엄마 아빠 모두에게 사랑받고 있다고 굳게 믿는다.

잘 시간을 정하고, 함께 눕고, 아이를 쓰다듬으며 말을 걸어주는 이 모든 과정이 어른의 입장에서는 대수롭지 않고 아주 작은 일이라 생각할 수 있다. 하지만 부모의 작은 보살핌도 아이는 크게 느낀다. 아이가 사랑받는다고 믿을 수 있도록 부모는 세심히 신경 써야 한다. 별것 아닌 듯한 행동도 내 아이를 한 뼘 더 성장시키는 자양분이 된다는 걸 잊지 말자.

잠자기 싫은 아기 토끼

돈 케이시 글
찰스 푸지 그림

그림책 《잠자기 싫은 아기 토끼》로 잠 안 자는 아이에게 말 걸기

아이들의 체력은 정말 세다. 낮에 그렇게 뛰어놀았으면서도 밤에 더 놀고 싶다며 떼를 쓰는 것이다. 엄마와 아빠는 피로에 지쳐 얼른 자고 싶은데 말이다. 결국 예민해진 나머지 거친 소리가 나간다.
"조용히 안 해? 빨리 누워!"
하지만 사나운 고함으로 아이와의 하루를 마무리해도 괜찮을까? 아이의 기분을 배려하며 함께 편안하

게 잠들 수 있는 방법은 없을까?

《잠자기 싫은 아기 토끼》는 꼭 우리 아이들처럼 잠자기 싫은 아기 토끼와, 그런 아기 토끼를 재우는 아빠 토끼의 이야기를 담고 있다.

아빠 토끼와 노는 것이 너무 좋은 아기 토끼는 잠이 오자 그만 울음을 터트린다. 그러자 아빠 토끼는 아기 토끼를 다독이며 자장가를 불러주고, 부드러운 목소리로 사랑의 인사를 건넨다.

아이가 평소 엄마와 시간을 많이 보낸다면, 이번에는 아빠가 함께 이 그림책을 읽어주자. 한 문장을 읽을 때마다 아빠 토끼가 아기 토끼에게 해주는 것처럼 그대로 따라서 말해주면 더 좋다.

"귀여운 우리 아가, 잘 자고 일어나면 또 신나는 일이 가득한 하루가 펼쳐질 거야. 사랑하는 우리 아가, 좋은 꿈 꾸렴!"

Chapter 2

마음을 베인
아이에게
말 걸기

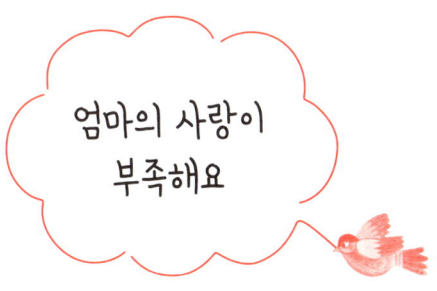

💬 인간에게 가장 큰 영향을 끼치는 것은 유전자일까, 환경일까? 이는 교육학자와 심리학자 들 사이에서도 의견이 분분하다. 남성과 여성, 두 유전자가 만나 잉태되는 생명이 인간이기에 부모의 생물학적인 유전자가 중요한 영향을 미친다는 사실은 부정할 수 없다. 그러나 정자가 자궁에서 수정된 이후의 환경인 엄마의 생활 태도 및 식습관, 수면, 정서 상태 등에 따라 인간은 자연스레 환경의 영향을 받게 되어 있다.

출생 후 아이에게 환경적인 요소는 더욱 크게 작용한다. 물론 생존을 위한 의식주의 보장과 위생 및 안전 등의 물리적인 조건은 발달을 위한 기본적이고도 간과할 수 없는 환경적 요소이다. 하지만 아이의 발달은 인적 환경인 부모의 정서와 양육 태도 그리고 부부관계에 따라 크게 달라진다.

🌱 가장 중요한 환경적 요인은 부모

초등학생 시절, 수학 시간에 큰 톱니바퀴와 작은 톱니바퀴에 대한 문제를 풀어본 적이 있을 것이다. 큰 톱니바퀴가 한 번 돌 때 작은 톱니바퀴는 여러 번 돈다는 원리로 인과관계를 배웠다. 이 톱니바퀴 원리를 부모와 자식 사이에도 적용할 수 있다.

부모가 큰 톱니바퀴라면, 아이는 작은 톱니바퀴이다. 부모라는 큰 톱니바퀴가 조금만 움직여도 아이라는 작은 톱니바퀴는 한 바퀴를 돌 수 있다. 즉, 부모의 정서와 양육 태도나 아이를 대하는 말투, 감정에 조금의 변화가 있어도 아이는 크게 바뀐다는 의미이다.

> 가출을 밥 먹듯 하는 여중생 D가 있었다. D의 부모는 아이가 가출하는 이유를 고민하고, 여러 상담실에 보내는 등 갖가지 조치를 하다 E 교수의 상담실까지 오게 되었다. E 교수는 D와 개인 상담을 꾸준히 진행하며 어디가 아픈

지, 무엇이 힘든지 파악했다. 그리고 스스로 노력해서 나아지도록 이끌었다. 상담이 끝난 뒤 D는 가정으로 돌아갔다. 그런데 얼마 지나지 않아 D의 부모에게 불만 섞인 연락이 왔다. 아이가 또다시 가출했다는 것이다.

D의 부모는 상담이 제대로 이루어지지 않은 것 같다며 불만을 제기했다. 그러나 현명한 부모라면 여기서 되돌아보아야 한다. 아이의 학교생활이나 대인 관계보다 부모라는 환경이 어땠는지 말이다. 부모의 태도나 생활 습관, 의사소통 방식과 부부 관계 등을 점검해야 한다.

상담으로 아이의 불안이 잠시 나아졌어도 환경이 변하지 않는다면 문제는 다시 일어날 것이다. 아이는 다시 생겨난 그 불안을 피해 가출했을 확률이 높다. 부모가 달라지지 않으면 상담의 예후는 좋지 않은 경우가 대부분이다.

🌱 아이의 언어 발달과 행동을 결정하는 절대적 존재

우리 어린이집에 다니는 남매가 있다. 첫째 아이가 3세 때 먼저 입소했다. 아이는 신체 발달이 좋아서 5세 정도로 보였다. 그러나 언어 발달은 1~2세 수준에 머물러 있었다. 의사소통도 되지 않고, 단어 정도만 말할 뿐 문장을 구사하지 못했다. 그래서 입소한 날 저녁에 엄마에게 상담을 요청했다. 신체 발달은 문제없어 보이는데 언어 발달이 늦은 선천적이거나 환경적인 이유가 있는지 궁금했다.

상담을 통해 실마리가 잡혔다. 아이의 엄마는 편도 2시간 거리의 직장에 다니고 있었다. 게다가 야근하는 날이 많아서 할머니가 육아를 도맡아 하고 있었다. 할머니는 내성적이고 조용한 성격이라, 아이에게 필요한 말 외에는 하지 않았다. 아이는 하원하고 대개 혼자 논다고 했다. 다른 사람의 말소리를 듣거나 부모와 상호작용을 해야 할 언어 폭발기인 1~2세에 충분히 그러지 못한 것이다. 이처럼 언어적 자극을 제대로 받지 못하고 자란 아이는 3세가 되었지만 정확한 단어를 말하지 못했다. 긴 문장으로 말하기는 아예 엄두도 내지 못했다.

이대로 가면 아이의 언어 발달 지연이 장애로 이어질 수 있었다. 이에 대한 위험성을 엄마에게 자세히 알려주고 우선 언어치료를 권했다. 아울러 당부했다.

"어머님, 아이가 초등학교에 들어가기 전까지만이라도 더 많은 시간을 함께 보내주세요."

엄마가 1년이 지나도록 고민하는 사이, 1세인 둘째 아이가 어린이집에 입소했다. 역시 문제 행동을 보였다. 첫째 아이가 순하고 말이 없던 반면, 둘째 아이는 짜증이 많고 공격적이었다. 양육 태도와 환경이 같아도 기질이나 성격에 따라 아이의 행동이 달랐던 것이다.

결국 엄마는 다니던 직장을 그만두었다. 거리가 가깝고 규칙적으로 출퇴근할 수 있는 곳으로 직장을 옮기고, 매일 아침 아이들을 등원시켰다. 엄마와 함께 어린이집에 오기 시작한 얼마 후 아이들에게 변화가 일어났다.

첫째 아이의 언어 발달에 가속도가 붙었다. 언어치료를 병행하며, 엄마가 퇴근 후 그림책을 읽어주거나, 함께 놀이하는 등 언어적인 상호작용을 많이 해주었기 때문이다. 둘째 아이도 엄마와 더 많은 시간을 함께하자 서서히 불안했던 모습이 줄고 폭력성이 사그리들었다. 엄마의 돌봄을 받으면서 아이들의 심리가 몰라보게 안정되었다.

아이를 양육하는 데는 부모의 역할이 절대적이다. 물론 부모가 몸담고 있는 직장과 사회적인 역할도 중요하다. 그러나 부모라면 꼭 해야 할 일의 우선순위를 따를 수 있는 마음가짐이 필요하다. 국가가 아무리 보육 기관을 늘리고 전문 교사들을 양성한다 해도 아이들은 부모의 돌봄을 가장 받고 싶어 한다. 자녀에게 부모는 그 누구도 대체할 수 없는 존재이기 때문이다.

🌱 양과 질이 적절하고 조화로운 돌봄

최근에 지인이 다니는 회사에 육아휴직을 끝내고 복귀한 여직원이 있었다. 1년간의 육아휴직 동안 아이를 돌보는 게 힘들었다며 출근을 너무 행복해한다는 것이다.

아이를 돌보는 어린이집을 운영하는 나로선 이 말을 들으며 그 엄마의 마음을 충분히 이해하나 한편으로는 안타까웠다. 오전 7시 30분부터 아이들은 다투듯이 등원을 한다. 이 아이들이 오후 7시가 되어 저녁을 먹고 하원하는 모습을 상상하면 짠하기 그지없다.

엄마와 아이의 입장에서 생각해보자. 먼저 엄마는 새벽에 일어나 출근과 아이의 등원 준비를 동시에 하느라 무척이나 바쁘고 힘들 것이다. 아침은 제대로 먹고 출근할까? 퇴근 후에는 또 어떤가? 예전에는 친구도 편하게 만났을 텐데, 출산 후 육아와 일을 병행하면서 엄두도 못 낼 것이다. 쫓기듯이 퇴근하자마자 아이를 하원시키고 씻기고 밥 먹이고 재운다. 매일 이 생활을 반복하는 건 정말 보통 일이 아니다.

이번에는 아이 입장을 보자. 태어난 지 1년 갓 넘은 아이가 이른 아침부터 어린이집에 맡겨져서 12시간 가까이 단체생활을 해야 한다면 어떨까? 아이의 정서에 결코 긍정적일 수만은 없다. 어른들도 아무리 좋은 일터라고 한들 집보다 나을 수 없는 것처럼, 아이들도 그렇다. 어린이집에서 보고 듣는 자극이 많아 발달은 빠를 수 있겠지만 엄마의 품보다 안정감을 느낄 수는 없을 것이다.

물론 맞벌이 부모 대다수는 경제적으로 넉넉해야 아이를 잘 키운다고 반박할 수 있다. 어느 것도 포기할 수 없고, 둘 다 잘해내기엔 힘들므로 속상할 것이다. 그래서 아이를 키우는 것은 개인의 문제보다 국가 차원에서 많은 정책이 이루어져야 한다. 그럼에도 영유아기 시절, 아이에게 가장 필요한 것은 물질적 풍요로움보다 부모의 충분한 정서적 돌봄이다. 이것이야말로 아이들이 진정으로 원하는 것이기 때문이다.

부모와 함께하는 시간이 양적으로 부족할 경우에도 문제가 될 수 있다. 고급 레스토랑에 가서 음식을 시켰는데, 접시에 달랑 고기 만 덩이에 채소 몇 조각이 담겨 나온 것과 같다. 보기 좋고 맛과 영양도 괜찮지만 배부르지 않다. 먹고도 곧 허기지는 양이다. 아이 양육도 마찬가지다. 양과 질이 적절하고 조화로워야 진정한 돌봄이 아닐까?

엄마가 정말 좋아요

미야니시 타츠야 글·그림

 그림책 《엄마가 정말 좋아요》로 엄마 사랑을 더 많이 받고 싶은 아이에게 말 걸기

육아를 하다 보면 부모의 뜻대로 잘 풀리지만은 않는다. 때로는 환경이, 때로는 주변 사람이, 때로는 아이가 육아하는 부모의 앞길을 막아서곤 한다.
그럴 때마다 부모는 답답함과 짜증이 밀려와 애꿎은 아이를 탓한다. 부모도 사람이기에 말이나 행동에 불쑥 감정이 묻어나는 것이다. 하지만 부모가 홧김에 내뱉은 말일지라도 아이에게는 결코 사소한 말이 아

니다.

《엄마가 정말 좋아요》에 나오는 엄마도 꼭 우리와 같다. 아이에게 얼른 일어나라고, 늦었으니 빨리 유치원 갈 준비를 하라고, 얼른 잠자리에 들라고 윽박지르는 모습이 너무 닮았다.

아이는 그런 엄마의 말을 하나하나 떠올리며 더욱 다정하게 웃는 엄마를 상상하곤 한다. 엄마가 화를 내면 아이도 시무룩하고, 엄마가 웃어주면 아이도 따라 활짝 웃는다. 부모의 말과 행동이 아이에게 어떤 영향을 미치는지 한눈에 알 수 있다.

만약 이 그림책 속의 엄마와 같은 사람이 있다면, 아이에게 눈을 맞추고 이렇게 말해주자. 엄마는 금방 잊을지 몰라도, 아이는 엄마의 말을 오래오래 기억할 테니까.

"엄마를 좋아한다고 말해줘서 정말 고마워. 태어나 줘서 고마워. 엄마는 있잖아, 너를 정말 정말 사랑해."

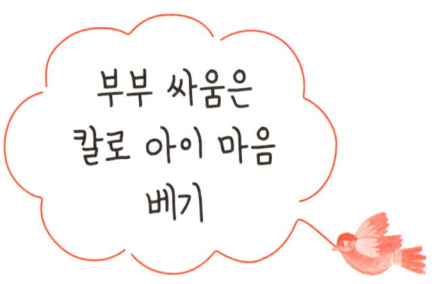

😌 부부가 살면서 싸움을 하지 않을 수는 없다. 완전히 다른 두 사람이 만나 처음부터 완벽하게 맞을 수는 없기 때문이다. 부부는 갈등을 겪고 화해하는 과정에서 서로에게 꼭 맞는 모양으로 깎고 다듬는 조각칼이 되어준다.

하지만 부부 싸움의 골이 깊어져 폭력과 폭언이 오가고, 이 파장이 아이에게까지 미친다면 이야기는 다르다. 가정 폭력과 폭언은 배우자에게도 큰 상처를 주지만, 누구보다 아이에게 가장 큰 두려움과 공포를 안긴다. 이는 아이에게 열등감과 상처를 주면서 무의식적으로 수치심을 일으켜 분리불안, 집중력 저하, 공격성, 분노 등 다양한 정신증과 신경증으로 이어져 대인관계가 어려워질 수 있다.

🌱 자위와 분리불안을 낳은 부부 싸움

F는 4세 때부터 자위가 심해서 상담을 받고 있었다. 같은 시기에 또 다른 행동으로 엄마와 헤어질 때 극도의 분리불안이 나타났다. 아이는 엄마와 헤어지기 싫어서 등원을 거부했고, 엄마는 그런 아이를 등원시키려 애썼다.

F에 대한 상담을 이어가던 중, 자위와 분리불안이 왜 생겼는지 원인을 알 수 있었다. 바로 심한 부부 싸움이었다. F의 아빠는 화가 나면 말을 가리지 않았다. F의 엄마는 그 폭언을 견디다 못해 집을 나가곤 했다. 그러다 결정적으로 F의 심각한 분리불안을 야기한 사건이 있었다.

어느 날, F의 엄마가 화가 난 나머지 외박을 했다. 이때 아이가 느꼈을 불안이 어느 정도였을지 짐작조차 할 수 없다. 이후 F의 분리불안은 심각한 상태에 이르렀다.

자위와 분리불안에 대한 원인을 알게 되자 심리치료를 진행했고, 엄마의 부단한 노력으로 지금 아이는 안정을 되찾아가고 있다. 하지만 여전히 불안이 올라오면 활동에 집중하지 못하거나 자위를 하려 한다.

아이에게 부모의 싸움은 극심한 공포와 스트레스를 준다. 이런 상황이 반복되면 감정을 담당하는 뇌의 변연계가 활성화된다. 그러면 자신의 감정을 제대로 조절하지 못해 자꾸 눈치를 보거나 부모와 떨어지지 못하는 분리불안을 겪을 수 있다.

공포와 스트레스, 불안 때문에 무의식적으로 손톱을 뜯거나 틱 장애가 나타나는 아이도 있다. 이런 부정적인 감정은 공격성으로 발현되기도 한다.

🌱 부부 싸움하는 이유를 알려준다

부부 싸움을 한 뒤에는 아이의 태도에 변화가 있는지 잘 살펴본다. 부모의 싸움을 보고 듣는 것만으로도 두려움을 느껴 다양한 문제 행동을 보일 수 있기 때문이다. 이를 예방하려면 아이의 마음이 다치지 않았는지 세심히 살펴야 한다.

아이가 놀 때 하는 말과 행동을 살피는 것이 가장 좋은 방법이다. 아이들의 역할놀이를 관찰해보면, 가정에서 일어난 일을 놀랍게 재현하는 모습이 종종 보인다. 전날 자신이 보았던 가정사를 놀이에 그대로 투사하는 것이다.

너무 사실적인 모습이 보기 불편할지라도 제지해서 아이에게 수치심을 주어서는 안 된다. 아이의 놀이를 막고 감정을 억압하면 욕구불만이 되어 삶에 오랫동안 영향을 미친다. 아이가 놀이를 통해 감정의 찌꺼기를 배출하고 있다면, 우선 그대로 놔두자. 그리고 놀이가 끝난 뒤에 이렇게 말을 건네며 안심시켜준다.

"엄마 아빠가 싸워서 속상했지? 미안해. 있잖아, 네가 친구랑 싸울 때 있지? 엄마 아빠도 그런 거야. 다음부터는 싸우기보다 속상한 마음을 말로 할게."

아이에게 다시 나쁜 감정을 불러일으킬까 봐, 또는 아이 앞에서 감정적인 모습을 보인 게 민망해서 부부 싸움 이야기를 꺼내고 싶지 않을 수 있다. 하지만 아이에게 왜 싸웠는지 차근차근 설명해주는 게 좋다. 아이들은 부모가 싸우거나 이혼하는 이유를 종종 '자신 때문'이라고 여기며 괴로워한다. 그러므로 부모가 싸운 건 아이 잘못이 아니며, 그런 모습을 보여서 미안하다고 사과해야 한다. 아이가 부정적인 감정에 빠지지 않게 하려면 꼭 필요하다.

❧ 아이가 보는 앞에서 화해하기

부부 싸움 후 화해는 될 수 있으면 아이가 보는 앞에서 하자. 아이에게 문제를 건강하게 해결했음을 알려주기 위해서다. 이때 활용하면 좋은 '비폭력대화' 방법이 있다. 어떤 문제 상황을 마주했을 때 마치 사진을 찍은 것처럼 객관적으로 관찰된 상황을 말하고, 상대방에게 나의 감정과 욕구에 초점을 맞추어 이야기하는 방법이다. 비폭력대화의 4단계는 다음과 같다.

1. 관찰 : 상황에 대해 사진을 찍은 듯 객관적으로 이야기한다. 예를 들면,
   "여보, 내가 현관문을 열고 들어와서 '나 왔어!'라고 할 때 당신이 아무 말도 하지 않았어."
2. 감정 : 상황으로 인해 느낀 감정을 이야기한다.
   "당신의 그런 모습을 보니 내가 서운한 마음이 들었어."
3. 욕구 : 그 감정 뒤에 숨어 있는 나의 욕구, 즉 바람을 이야기한다.
   "왜냐하면 나는 당신이 나를 보며 반겨주길 바랐거든."
4. 부탁 : 내가 원하는 방식의 부탁을 이야기한다.
   "앞으로는 내가 들어와 '나 왔어!'라고 말할 때 당신이 나를 반기며 '어서 와, 고생했어!'라고 해주면 좋겠어."

부모가 서로의 문제를 건강한 대화로 풀어나가면, 그 모습을 보고 아이 역시 긍정적 영향을 받는다. 자기 마음을 잘 다스리고 원만한 인간관계를 만들어가는 성숙한 사람으로 자라난다.

바람에 날아갔어

이명희 글·그림

 **그림책 《바람에 날아갔어》로 부부 싸움에 마음 베인 아이에게 말 걸기**

부부 싸움을 마주한 아이의 마음은 어떨까? 《바람에 날아갔어》는 이 질문에 대한 답을 서정적인 그림과 글로 풀어내고 있다. 엄마 아빠는 세상의 전부이기에, 그 둘이 충돌하면 아이는 세상이 뒤흔들리는 느낌을 받을 것이다.

이 그림책은 표지에서부터 아이의 불안을 잘 드러낸다. 엄마도, 아빠도, 아끼는 고양이도 전부 날아가는

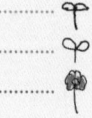
모습은 사랑하는 세상이 산산이 부서지는 것을 보는 아이의 마음 같다. 하지만 온 가족을 날려 보낸 거센 바람 속에서 엄마에게 빽빽거리던 아빠는 가족을 구하기 위해 손을 뻗고, 세 가족은 손을 꼭 맞잡는다.

신기하게도 가족을 산산이 흩어놓았던 바람은 가족이 다시 하나로 뭉치는 계기가 된다. 마치 부부 싸움이라는 바람으로 가정에 금이 가도, 가족이 힘을 모은다면 바람을 이겨내고 다시 행복해진다는 걸 보여주는 듯하다.

이처럼 중요한 건 부부가 싸움을 아예 하지 않는 것이 아니라, 이미 일어난 갈등을 잘 풀어가고 화해하는 것이다. 혹시나 아이가 부부 싸움을 보고 움츠러들어 있다면, 마음을 편안하고 따뜻하게 보듬어주자.

"엄마 아빠가 싸우는 바람에 꼭 태풍에 휘말린 것처럼 두렵고 무서웠지? 미안해. 화해했으니 이제 괜찮아. 비 온 뒤에 햇살이 더 반짝이는 것처럼, 엄마 아빠도 싸우고 나서 우리 가족의 손을 더 꼭 맞잡기로 다짐했거든."

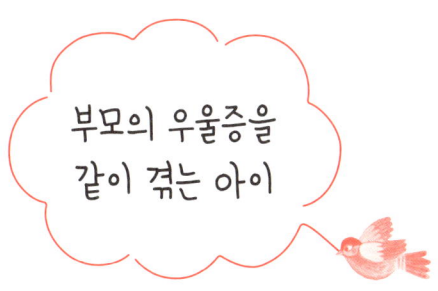

부모의 우울증을 같이 겪는 아이

💬 "원장님, 저 남편하고 헤어지고 싶어요……."

어느 날, 남매 재원생의 엄마가 원장실로 찾아와 말했다. 평소에도 얼굴에 그늘이 져 있고 매사 의욕이 없어 보였는데, 생각보다 부부 사이가 좋지 않은 모양이었다.

"무슨 일 있으셨어요?"

엄마의 이야기는 이랬다. 첫아이는 계획해서 낳았다. 그런데 예기치 못하게 둘째 아이가 생겼다. 설상가상 남편의 직장이 멀어 주말부부로 지낼 수밖에 없었다. 엄마가 두 아이를 '독박 육아'를 하는 상황이었다. 그러다 보니 몸도 마음도 지쳐가고 남편도 자신을 이해해주지 못해서 둘째 아이에게 애정이 생기지 않았다. 이러다간 무슨 일을 저지를 것 같아서 이혼하고 싶다는 것이다.

 이 엄마는 아이를 키울 자격이 없을까? 열 달을 품고 배 아파서 낳은 아이에게 정이 가지 않는다고 해서 매정한 사람일까? 아니다. 잘해보고 싶으나 혼자 육아하는 게 힘겨웠고, 엄마가 처음이니 방법이 서툴렀을 것이다. 나는 안아주며 그동안 고생이 많았다고 위로해주고 대화하고 싶으면 언제든 찾아오라고 했다.

 여전히 많은 부모가 육아에 대한 심리적인 부담과 고통을 겪는다. 특히 산모 중에 70퍼센트 정도가 출산 후 3~5일경부터 산후우울감을 겪는다. 이렇게 많은 산모가 산후우울감을 겪는 이유는 바로 호르몬과 환경의 변화 때문이다.

 임신했을 때 여성의 몸은 호르몬 분비로 태반에 많은 에너지를 저장하는 구조로 바뀐다. 출산과 동시에 태반이 몸 밖으로 나와 호르몬에 변화가 생긴다. 이 과정에서 옥시토신이나 에스트로겐의 감소로 인해 순간적인 우울감을 느낀다. 다행히 이는 호르몬의 영향이라 2주 정도 후에 대부분 나아진다. 그러나 2주가 지났는데도 감정 조절이 어렵고 무기력하다면 산후우울증을 의심해보아야 한다.

 산후우울증은 강박적인 망상이 동반되는 정신 질환이다. 산후우울증 환자 중에는 자신이 아이를 해칠 것 같다고 생각한다. 아이를 잘못 만졌다가 다칠까 봐 두려워한다. 자신이 아이를 잘 키울 수 있을지 지레 걱정하며 두려움과 죄책감을 느끼기도 한다.

일반적인 우울증이 그렇듯이, 산후우울증도 병원의 약물 치료와 상담으로 개선될 수 있다. 그러니 산후우울증이 의심된다면 하루라도 빨리 신경정신과 진료를 받는 것이 좋다.

엄마의 우울증은 아이가 물려받을 수 있다

에릭슨의 심리사회적 발달 이론에 따르면, 인간은 태어나서 1세 정도까지 1차 양육자와의 애착 관계에서 신뢰감을 쌓는다. 이때 신뢰감은 양육자가 매일 아이의 얼굴을 보며 친근한 표정으로 젖을 주고, 기저귀를 갈아주고, 씻기는 등 일상적인 행위를 통해 이루어진다. 양육자로부터 따뜻하고 다정한 눈빛과 스킨십을 받은 아이는 자신이 사랑받고 있다고 믿게 된다.

'지금 나를 바라보고 웃어주는 엄마라면 믿을 수 있어. 내가 배고픈 신호를 보내면 젖을 주고, 볼일을 보고 칭얼거리면 기저귀를 갈아주고, 안아달라고 보채면 꼭 안아주거든. 이런 엄마에게 사랑받고 있으니, 나는 참 소중한 사람인가 봐.'

이렇게 생각하는 것이다.

하지만 산후우울증이나 다른 이유로 양육을 제대로 하지 못하는 엄마의 아이에게는 불신감이 생긴다고 한다. 아이는 자신의 요구를 들어주지 않는 양육자에게 신뢰감이 무너지고 불신감마저 생긴다. 이때 자신을 대하는 양육자의 행동이 마음에 남아 부정적인 자아상이 만들어진다. 그 탓에 산후우울증을 앓고 있는 엄마 밑에서 자란 아이 역시 소아 우울감 및 우울증이 생기기도 한다. 그리고 자라는 동안 늘 마음 한구석에 우울을 품는다. 이처럼 엄마의 우울감을 아이가 물려받을 수도 있으니 상담을 통해 원인을 파악하고 의사의 처방에 따라 약물을 병행하는 것도 하나의 방법이다.

다만 아직 모유 수유를 하고 있다면 약물이 아이에게 나쁜 영향을 줄까 봐 약물 처방을 받는 것이 부담될 수 있다. 그리고 혹시라도 아이에게 정말 문제가 생긴다면 산모는 죄책감에 더 큰 우울증에 빠질 수 있다. 그렇다면 병원에 가지 못하는 동안만이라도 이 우울감을 해결할 수 있는 방법이 없을까?

해결법을 찾으려면 먼저 산후우울증을 불러일으키는 원인을 알아볼 필요가 있다. 호르몬 문제를 제외한다면, 보통 출산 후에 오는 우울감은 가정에서의 문제에서 비롯되는 경우가 많다. 열심히 사회생활을 하다가 출산으로 본인만 정체되고 사회와 멀어진다는 생각이 우울을 가져올 수 있다. 남편과의 관계가 좋지 못하거나, 시댁과의 갈등 등 결혼생활에서 오는 여러 환경 변화로 우울해하기도 한다. 원하지 않은 아이를 임신해 삶의 계획이 틀어지거나, 임신과 출산을 겪으며 생겨난 신체적인 변화 역시 산모를 우울하게 만들 수 있다. 또는 출산을 하고 아이를 키우느라 자신에 대하여 신경을 못 쓰다가, 자기 자신을 잘 관리하는 사람들을 보며 상대적인 좌절감과 우울감을 느낄 수도 있다.

육아만큼 중요한 자기 관리

따라서 무엇보다도 자기 자신을 관리하는 환경을 만드는 것이 중요하다. 여기서 '관리'라 함은 많은 것을 포함한다. 우선 스스로 건강을 관리하는 게 필요하다. 아이가 잠들어 있는 동안만이라도 집 안에서 할 수 있는 운동을 하거나, 식사를 대충 때우지 말고 자신을 위해 건강한 음식을 차려 먹는 것이다.

집 안 환경을 정리하는 것도 좋다. 아이를 돌보다 보면 청소할 시간을 놓칠뿐더러, 청소를 제대로 할 수 없어서 집이 어수선하고 지저분해진다. 또한 아이의 물건이 하나둘 늘어나면서 급기야 나만의 쉴 공간조차 없어지게 된다. 하지만 방은 마음의 거울이라는 말이 있듯이, 마음이 어수선하면 방도 어질러지고, 마찬가지로 방이 어수선하면 마음까지 어질러질 수 있다.

방 청소가 별것 아니라고 생각할 수도 있다. 하지만 실제로 우울증 환자 중에는 무기력증 때문에 방을 치우지 못해 쓰레기로 가득 차고, 그런 방에서 다시 무기력을 겪는 악순환에서 헤어나지 못하는 사람도 많다. 따라서 스스로 청소할 힘이 없다면, 주변의 도움을 받아서라도 집 안 정리를 깨끗이 할 것을 권한다.

출산으로 남편과의 사이가 나빠졌다면 애정 관리에 신경 쓰는 것도 방법이다. 보통 출산 후에는 아이를 우선으로 돌보아야 하기 때문에 자신은 물론, 남편과의 애정 관계도 뒷전으로 밀리는 경우가 많다. 또 아이를 돌보느라 잠을 따로 자거나, 남편과의 관계 자체를 귀찮아하기도 한다. 하지만 부부를 가족으로 묶는 매개가 애정인 만큼, 이 역시 결코 소홀히 해서는 안 된다.

특히 성관계의 경우, 여성과 남성의 생각이 다르기 때문에 이 부분에서도 서로 합의가 이루어져야 한다. 아내와 남편이 원하고 느끼는 빈도가 다를 수 있고, 이것이 곧 부부 관계에서 문제 요소로 작용할 수 있기 때문이다. 따라서 이런 문제에 대해서도 부부가 자유롭게 대화하며 합의점을 찾아내야 한다.

또한 친구와 지인과의 관계를 잘 유지하는 것도 필요하다. 친구나 지인과의 교류는 산모들의 마음과 감정을 다스리는 데에 매우 중요한 역할을 한다.

여건상 산모 혼자서 육아를 하다 보면, 자신의 시간을 온전히 쏟느라 주변과 단절되는 경우가 많다. 인간은 기본적으로 사회적 동물이기에 고립은 누구에게나 큰 심리적 고통과 우울감을 안긴다. 그래서 할 수만 있다면 일주일에 한 번이라도 친구를 만나라고 권하고 싶다.

물론 그러려면 남편이나 시댁, 친정의 도움은 필수다. 아내가 주 양육자가 되어 모든 걸 떠맡기보다는 주변 사람이, 특히 남편이 함께 육아를 해주어야 한다. 육아는 아내만의 몫이 아니고, 어디까지나 부부가 같이 하는 것이다. 그렇기에 남편이 일하는 주중에는 아내가 우선적으로 육아를 하더라도, 주말에는 남편과 함께 시간을 나누어 아이를 보는 식으로 일정을 조율해야 한다.

보육 시스템을 이용하는 것도 하나의 방법이다. 직장 생활을 위해 매일 어린이집에 맡기는 경우도 있지만, 부모가 원하는 날과 시간에 돌봐주는 시간제 보육 방법을 선택하면 좋다. 이렇게 가끔씩 부모의 욕구를 충족하면 결과적으로는 부모와 아이의 관계에 긍정적인 영향을 준다.

🌱 균형을 이루는 마음 관리

모든 관리 중 무엇보다도 가장 중요한 건 산모 본인의 마음 관리다. 지금까지 독립적인 여성의 삶을 살았다면, 이제는 아이를 돌보는 엄마의 삶을 살아야 하는 시기이다. 과거에는 개인적인 욕구나 역할을 중요시했다면, 아이가 애착을 맺는 영유아기 시절에는 엄마로서의 역할 중심으로 우선순위를 바꾸어야 한다. 아이가 인생의 발달단계에 맞게 잘 성장하도록 최선을 다하는 것이다.

  부모 입장에서 삶의 우선순위를 조정하면 개인적으로 포기해야 하는 시간과 노력, 기회 등이 아까울 수 있다. 하지만 아이가 어릴 때 부모 역할을 제대로 하지 않는다면, 아이가 자랄수록 더 많은 시간과 긍정적인 관계가 될 기회를 잃을 수도 있다.

  부모의 개인적 삶을 중시할 경우 애착 관계가 잘못 맺어져 아이의 자존감이 낮아지거나 인간관계에서 문제를 일으킬 수 있다. 사춘기 시절뿐만 아니라 사회에 나가서도 문제를 일으킬 수 있다. 이에 아이를 위한 추가적인 상담이나 학습에 들어가는 비용은 물론이고, 사회가 감당해야 하는 비용까지 커질 것이다.

  단지 지금 당장의 경제적인 이유와 커리어가 우선되어 육아를 소홀히 한다면, 결과적으로 아이와 서먹해지고 관계가 단절되어 더 큰 손실을 볼 수도 있다. 부모 역할을 우선시하는 것이 전혀 손해가 아닌 이유다.

  따라서 이러한 부모 역할로의 변화가 부담이 된다면, 잠시 멈추어 서서 자신의 마음을 들여다볼 필요가 있다. 변화된 역할에 적응하도록 마음을 달래고 어루만져주어야 한다.

부모가 자신의 마음과 정서를 건강하게 관리하는 것은 아이를 건강하게 키우기 위해서라도 꼭 필요하다. 비행기를 탔을 때, 비상사태가 발생하면 아이가 아닌 엄마가 먼저 구명조끼를 입는 것과 같다. 엄마가 살아야 아이도 살릴 수 있기 때문이다. 부모 스스로 정서를 잘 살피는 것이 아이를 돌보는 것과 같다는 것을 명심하고, 육아와 자기돌봄의 균형을 이루기를 바란다.

아이가 평생 엄마의 품에서 있지는 않는다. 길어봤자 5년 정도이다. 그 시간이 지나면 아이는 조금씩 부모의 품에서 벗어나 세상이라는 더 큰 품에 안기기 시작한다. 그러니 인간 발달의 결정적 시기인 딱 5년 동안만이라도 다른 역할보다 부모 역할에 조금 더 집중할 수 있도록 최선을 다하자. 또한 이를 뒷받침해줄 다양한 사회적 관심이 필요하다. 소득과 상관없이 출산과 육아를 지원해주는 정책도 마련되어야 할 것이다.

엄마의 슬픈 날

시린 호마이어
글·그림

그림책 《엄마의 슬픈 날》로 부모의 우울증을 같이 겪는 아이에게 말 걸기

《엄마의 슬픈 날》은 우울증이 있는 엄마를 둔 아이 모나의 일상을 담고 있다.
다정했던 엄마가 어느 날부턴가 아무 일도 하지 않고 모나를 방치하자, 모나는 엄마의 이런 시간을 '슬픈 날'로 부른다. 변한 엄마의 모습을 친구나 선생님에게 말하고 싶어도 주변 친구들의 수군거림에 선뜻 용기를 낼 수 없다.

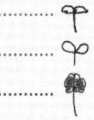
소중한 엄마가 자신을 돌보지 않는다는 생각에 엄마를 쉽사리 사랑할 수도, 미워할 수도 없는 모나. 하지만 모나는 마침내 용기를 내어 엄마에 대한 이야기를 선생님에게 털어놓는다.

이 그림책이 보여주듯, 부모의 우울증은 아이에게도 말할 수 없는 고통을 준다. 물론 우울증이라는 병은 쉽게 치료할 수도 없고, 단순히 의지만으로 이겨낼 수 있는 게 아니다. 그러나 부모가 자신의 정신 건강을 방치한다면 결국 아이까지 상하게 만든다.

그동안 우울감에 빠져 아이를 제대로 돌보지 못한 엄마가 있다면, 아마 아이는 엄마가 힘들다는 사실을 알고 있을 것이다. 그리고 왜 엄마가 힘들어하는지 알고 싶어 할 것이다. 사랑하는 엄마가 왜 변했는지, 어떤 문제가 있는지 묻고 싶지만 쉽게 묻지 못했던 아이에게, 먼저 말을 건네자.

"지금까지 네게 신경 써주지 못해서 미안해. 엄마가 너를 돌봐주지 못한 건 너를 사랑하지 않아서가 아니야. 그저 엄마에게 잠시 '슬픈 날'이 찾아와서 그래."

동생이 너무 미워요

저출산이 사회의 주요 문제로 대두된 요즘, 아이의 탄생은 그 어느 때보다 더 특별한 의미를 지닌다. 아이를 임신한 사실을 알게 된 순간부터 가족들은 태어날 아이를 기다리며 하루하루 설렘과 기대로 보낸다. 그리고 마침내 아이가 세상 밖으로 나오는 날, 가족들은 새 생명의 탄생을 기뻐하며 울고 웃는다.

그런데 모두가 기뻐하는 생명 탄생의 순간을 온몸으로 거부했던 사람이 있다. 바로 5세 여자아이 S이다.

부모가 맞벌이를 했기 때문에 외할머니가 S를 맡아 키웠다. 엄마는 3개월간의 출산 휴가 후 복직했으므로 사실상 거의 외할머니가 S의 육아를 담당했다. 부모가 아이를 키울 수 없는 상황이었고, 삼교대의 직장 생활로 아이는 할머니 집에 살고, 부모는 주말에나 아이를 볼 수 있었다.

그러다가 우연히 둘째 아이가 들어섰다. 이때부터 첫째 아이의 불안이 심해졌다. 이미 첫째 아이는 엄마와 함께 살지 않아 엄마와의 애착 관계나 친밀감보다 할머니와의 애착이 더 익숙한 상태였다. 이런 와중에 엄마의 임신은 태어나지도 않은 동생에 대한 적대감으로 이어졌다. 동생이 태어나는 것을 강력히 거부했을 뿐만 아니라, 집에서도 동생 이야기는 꺼내지 못하게 할 정도였다.

아이의 마음 어딘가에 불안이 올라오는 것이 분명했다. 아이의 마음을 어루만질 방법을 찾아야 했다. 대부분 외동으로 자라 온 아이들에게 동생이 태어난다는 것은 자신이 독차지하던 관심과 사랑을 뺏긴다는 것을 의미한다. 게다가 S의 경우 부모와의 애착이 제대로 생기지 않은 상태였기에 동생을 반가운 존재가 아닌, 불안한 자신의 자리를 위협하는 경쟁자로 생각했을 것이다.

🌱 첫째에게 허락받기, "동생 보여줄 수 있어?"

그렇다면 이렇게 불안해하는 아이의 관점을 어떻게 바꾸어줄 수 있을까? 우선 동생이 태어난다는 것이 아이의 위기가 아닌, 축하받을 일이고 기쁜 일이라는 것을 알려주어야 했다. 이를 위해 찾은 방법은 동생이 생긴 것을 축하하는 세리머니였다.

보통 외국에서 결혼을 하면 주변 지인이 축하의 의미로 '브라이덜 샤워'를 해주고, 임신을 하면 그에 대한 축하의 의미로 '베이비 샤워'라는 파티를 해주며 선물을 건넨다. 그렇다면 S에게도 동생이 태어난 것을 축하해주는 기회를 주어 동생의 탄생이 좋은 일임을 알려주는 것이었다.

그리하여 친척과 할머니, 할머니의 친구들, 어린이집까지 모두 선물을 준비한 뒤, 아이에게 건네며 이렇게 말했다.

"동생이 생긴 것 축하해!"

선물이라고 해서 대단한 것은 아니었다. 아이가 좋아할 만한 머리핀이나 문구류 같은 것이었다. 모두가 동생이 생긴 아이를 축하해주기 위해 저마다의 마음을 담은 선물을 건넸다. 축하받는 대상이 동생이 아닌, 첫째 아이가 된 것이다. 그러고 나서 갓 태어난 동생을 보러 갈 때도 모두가 아이에게 물었다.

"동생 한번 봐도 될까? 동생 보러 왔는데, 보여줄 수 있어?"

사실 이것은 동생을 보러 오는 손님들에게 할머니가 일일이 전화를 해서 당부한 것이었다. 동생을 먼저 보지 말고, 첫째 아이를 먼저 봐달라고 부탁한 것이었다. 동생을 보기 위해 첫째 아이에게 허락을 구하면 아이는 자신을 통해서만 동생에게 갈 수 있다고 느낀다. 이런 과정을 거치며 첫째 아이는 관심의 중심에서 밀려난 게 아니라, 오히려 중요한 사람이 되었다고 여긴다.

나 역시 S를 보고 이렇게 말해주었다.

"원장님은 여동생이 없는데, 넌 정말 좋겠다. 같이 인형놀이도 재미있게 할 수 있잖아. 이제껏 혼자 노느라 심심했을 텐데, 앞으로는 여동생이랑 놀면 얼마나 신날까!"

S를 아는 많은 사람이 마음을 모아 아이의 생각을 바꾸도록 도와주었다. 그러자 놀라운 일이 일어났다. 동생에게 엄청난 적대감을 보이던 아이가 점점 바뀌기 시작한 것이다. 동생이 태어난 것이 자신의 위기가 아니라, 기쁜 일이라는 것을 깨닫고는 동생을 정말 좋아하는 아이로 변했다. 아이의 마음을 헤아리고 보듬어준 노력의 결과였다.

이런 일이 있은 후 S는 졸업을 했고, 어느덧 동생도 자라서 어린이집을 졸업할 때가 되었다. 어느 날, 동생에게 넌지시 물어보았다.

"언니와 사이좋니?"

"네! 언니가 남친이 생겼는데 밤마다 학교에서 있었던 일들을 얘기해줘요."

동생 없이 혼자였다면 그 많은 이야기를 누구와 나누었을까? 그래서 어른들이 형제자매는 서로에게 그 어떤 것보다 귀한 유산이라 한 것 같다.

퇴행하는 아이에서 동생을 돕는 아이로

그런데 이런 문제만 있는 게 아니다. 동생이 생긴 아이들 중에는 말과 행동이 동생처럼 퇴행하는 아이도 많다. 기저귀를 다 뗐으면서 기저귀를 차겠다고 하거나, 소변을 가리지 않거나, 자신도 젖병에 우유를 먹겠다고 떼를 쓰는 것이다. 심지어 동생을 해코지하는 경우도 있다. 이런 아이들의 마음은 어떻게 이해해주어야 할까?

이럴 때 활용하는 것이 바로 '조망 수용 능력'이다. 감정적으로 아이의 행동을 판단하지 않고 멀리 떨어져서 객관적인 시점으로 관찰해보는 것이다. 이렇게 하면 문제 행동에 가려 있던 아이의 마음을 볼 수 있다.

'나도 동생처럼 관심받고 싶어.'

물론 부모도 친척도 갓난아이에게 더 많은 눈길과 관심을 줄 수밖에 없다. 약한 존재를 돌보려는 인간적인 본능 때문이다. 하지만 의식적으로라도 첫째 아이에게 먼저 관심과 애정을 보여주는 것이 필요하다. 한 마디 말만으로도 아이는 자신을 향한 관심에 힘이 난다.

"잘 지냈어? 많이 컸네. 인사도 잘하고 의젓해졌구나?"

그런데 여러 방법으로 첫째 아이의 마음을 잘 다독여주었더라도, 부모가 동생을 돌보는 과정에서 다시금 서운함과 소외감을 느낄 수 있다. 이때 엄마의 역할이 매우 중요하다. 대단한 일을 하라는 게 아니다. 그저 아이가 동생의 육아에 도움을 주는 사람이 될 수 있게 허락해주면 된다.

아이가 동생을 바라보는 마음에 미움만 있는 것이 아니다. 작은 생명을 신기해하고 보호해주고 싶은 것은 어른 아이 할 것 없이 모두가 갖고 있기 때문이다. 엄마 입장에서 아이의 서툰 손길이 아기를 다치게 할까 봐 걱정될 수도 있다. 하지만 막기만 해서는 아이의 반감과 소외감을 높일 뿐이다.

오히려 동생을 만질 때 어떻게 해야 하는지 시범을 보여주거나, 아기를 볼 때 주의할 것들을 차근차근 일러주면 된다. 또 엄마가 아기를 돌볼 때, 아이도 할 수 있는 간단한 일을 시켜도 좋다.

"엄마가 지금 동생 기저귀를 갈아야 하는데, 기저귀 좀 갖다 줄래?"

이런 작은 일을 해내면서 아이는 자신이 뭔가 할 수 있는 존재라는 것을 알고 뿌듯해한다. 그리고 아이가 심부름을 잘해냈을 때 이렇게 말해주면 효과는 배가 된다.

"고마워. 네가 기저귀를 갖다주니 엄마에게 도움이 많이 돼."

엄마의 고맙다는 말 한 마디는 아이에게 엄청난 효능감을 안겨준다. 자신도 엄마에게 뭔가를 해줄 수 있는 존재라고 느낀다. 나아가 동생과의 관계가 좋으면 결국 엄마에게 도움이 되는 것임을 깨닫는다. 그러나 아이가 부모에게 관심을 받기 위해 자신의 감정과 욕구를 표현하기보다 '희생양'이 되려고 하지는 않는지 살펴야 한다. 부모는 적절한 격려와 지지로 첫째 아이의 감정과 욕구를 헤아리는 배려가 필요하다.

"동생이 미워요"에서 "동생과 같이 놀래요"로

안타깝게도 모든 첫째 아이가 이런 보살핌을 받지는 못한다. 우리 어린이집에는 형제자매가 함께 오는 경우가 많다. 그중 동생을 긍정적으로 바라보는 방법을 배우지 못한 첫째 아이의 경우, "동생이 좋아?" 하고 물어보면 이렇게 대답하곤 한다.

"아니요. 동생 싫어요, 귀찮아요!"

아이의 입장에서 보면 당연한 일이다. 자신의 것이었던 놀잇감을 나누어야 하고, 혼자 놀려고 해도 방해를 하고, 심지어 언제나 내 편이었던 엄마 아빠조차 뭐든 동생과 나누라며 잔소리를 하니 말이다. 물론 부모 입장에서는 비교적 말을 잘 듣는 첫째 아이에게 양보를 부탁한 것이겠지만, 첫째 아이도 아직은 부모의 사랑과 지지가 필요한 어린아이일 뿐이다. 그렇기에 이런 일이 쌓이면 동생에 대한 부정적인 감정이 생겨날 수밖에 없다. 이럴 때에는 무조건 양보를 강요하는 대신, 아이의 마음을 물어봐 주자.

"동생이 같이 놀고 싶어 하는데, 네 장난감 나눠 쓸 수 있니?"

이때 아이가 싫다고 한다면 한 발 물러나 그 감정을 존중해준다. 아이의 솔직한 마음을 듣기 위해 한 질문이기 때문이다. 그러니 아이가 싫어하면 기다려주어야 한다.

동생에게도 첫째 아이의 마음을 알려주고, 소통의 기본자세를 가르쳐준다. "지금은 형이 놀아야 한대. 조금만 기다려줘!"라고 말하며 다른 장난감을 가지고 놀라고 설명해준다.

그런데도 동생이 떼를 쓴다면 '조금만'이라는 단어의 의미를 명확히 몰라 기다리기 힘들어하는 것일 수 있다. 이때는 어린이집에서 한 방법을 추천한다. 하나의 놀잇감으로 여러 아이들이 놀 때, "열을 셀 때까지 기다려줄 수 있어?"라든가, 시각적으로 보이는 모래시계와 같은 것으로 놀이 시간을 정해, 돌아가며 놀잇감을 사용하게 하면 아이들은 그 규칙에 순순히 따른다.

가정에서도 이런 방법을 적용하면, 아이는 부모가 자신의 마음과 권리를 인정해준 걸 알고 동생과의 관계가 오히려 더 친밀해진다. 자연스레 만족 지연(더 큰 결과를 위해 당장의 즐거움이나 욕구를 참는 능력)을 경험하며 규칙과 질서, 책임을 배우는 인성 교육으로 이어질 수 있다.

여기서 한 발 더 나아가, 두 아이가 함께 어울려 노는 환경을 만들어줄 수도 있다. 첫째 아이가 자신의 놀잇감을 가지고 놀게 놔두고, 동생이 부모와 함께 놀이를 하는 것이다. 그러면 첫째 아이가 궁금해서 부모 쪽으로 올 것이다. 그때 다시 한번 네 놀잇감을 나눌 수 있겠느냐고 물어보자. 아마 처음에는 놀잇감을 나누기 싫어하던 아이도, 이번에는 선뜻 그러겠다고 말할 것이다.

이처럼 부모의 말 한 마디만으로도 아이와 동생의 관계는 바뀐다. 많은 부모가 동생을 싫어하고 해코지까지 하는 아이를 어떻게 고쳐야 하는지 고민한다. 하지만 고쳐야 하는 것은 아이가 아니라, 부모가 아이를 대하는 방식이다. 아무리 동생을 좋아하려 해도, 부모가 동생만 아낀다면 아이의 마음속에 억울함과 거절감이 생겨날 것이다. 그런 상태에서 동생을 좋아하기란 쉽지 않다. 아이의 입장에서 고민하고, 아이가 동생과 사이좋게 지낼 수 있는 환경을 만들어주는 것은 결국 부모의 몫이다.

아기가 왔다

사토 신 글
마쓰모토 하루노 그림

그림책 《아기가 왔다》로 동생이 생긴 아이에게 말 걸기

동생을 처음 맞이한 아이의 마음은 어떨까. 어떤 아이는 동생이 생기기 전부터 동생을 가지고 싶다며 노래를 불렀을 것이고, 어떤 아이는 "동생 필요 없어!" 하며 바닥에 드러누워 울었을지도 모른다.
하지만 확실한 것은, 동생이 생긴다는 것은 아이에게 상상보다 훨씬 엄청난 일이라는 것이다. 동생을 가지고 싶다고 떼쓰던 아이가 막상 동생을 보면 서먹해하기도 하고, 반대로 동생이 싫다던 아이가 갓 태어

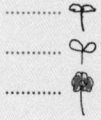
난 동생에게 눈을 떼지 못하기도 한다. 그 모습을 보면 저 작은 아이의 마음에 어떤 일이 일어났기에 그러는지 궁금해질 정도다.

《아기가 왔다》는 동생이 생긴 아이의 마음을 잘 담아내고 있다. 주인공 원이가 동생을 기다리고 맞이하며 느끼는 감정이 그려졌다. 따듯하고 부드러운 색감의 그림은 원이가 갓 태어난 동생을 보며 느끼는 놀라움과 신기함, 애정을 가득 드러낸다.

특히 원이의 작은 손과 엄마 손, 아기의 손이 겹쳐지는 장면은 원이와 동생이 하나의 가족이 되었음을 알려준다.

과연 우리 아이는 태어난 동생을 보며 어떤 생각을 하고 있을까? 혹은 동생이 태어나는 순간 어떤 생각을 했을까? 이제 막 동생이 생긴 아이에게 《아기가 왔다》를 축하 선물로 건네보자. 동생이 생겼을 때에 미처 아이를 챙겨주지 못했다면, 지금이라도 이 그림책을 함께 읽으며 이야기를 나누어보면 좋겠다.

"동생이 태어날 때 네 기분은 어땠어? 엄마 아빠는 동생이 생긴 네 마음이 정말 궁금해."

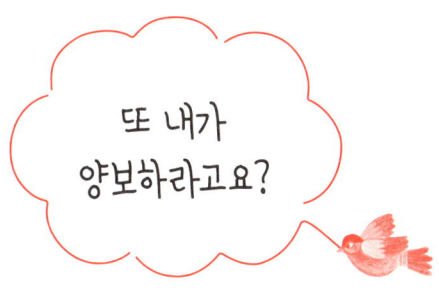

💬 우리에게 찾아온 모든 아이는 소중한 인연의 매듭이다. 독립된 개체였던 여성과 남성은 임신하는 그 순간부터 각각 엄마와 아빠라는 이름을 가진다. 그리고 두 사람의 중심에는 아이라는 매듭이 자리한다. 그전까지는 독립적인 인간으로 자신에게 필요한 일이나 하고 싶은 일을 했다면, 아이가 생긴 뒤에는 부모의 역할이 더해진다.

아이를 잘 키우기 위해서는 부모가 자신의 역할 변화를 인식하는 것이 매우 중요하다. 먹는 것부터 시작해 모든 생활습관에서 아이를 조금 더 우선시해야 한다. 임신 중에도 좋은 음악이나 소리, 좋은 환경에서 정서적인 안정을 취해야 태어날 아이 역시 정서적으로 편안할 수 있다.

어린이집에서 유독 예민한 모습을 보이고, 낮에 낮잠을 잘 못 자는 아이들이 있다. 반드시 그렇다고는 할 수 없지만, 그런 아이들의 엄마 대부분은 돈이나 숫자와 관련된 일을 하거나, 정밀함을 요구하거나, 시간적으로 압박감이 큰 일을 하는 경우가 많았다. 특히 지금처럼 육아휴직이 충분하지 않고 낮에 자주 쉴 수 없었던 과거에는 금융기관에 다니는 엄마를 둔 아이들이 낮잠을 잘 자지 못했다.

물론 아이의 기질에 따른 특성도 있겠지만, 내가 살펴본 바에 따르면 태중의 환경적인 요인이 더 큰 영향을 미쳤다.

이처럼 엄마의 배 속에 있을 때 엄마가 보고 느낀 모든 것은 아이에게 고스란히 영향을 준다. 따라서 아이를 임신했을 때에는 아이를 위한다는 생각으로 엄마 스스로 몸과 마음을 편안하게 가지려고 노력해야 한다.

❦ 첫째 아이가 가지는 딜레마

엄마의 정성스러운 보살핌 속에 태어난 첫아이는 곧장 주위의 관심을 독차지한다. 첫아이라 육아에 서툴고 부족한 점도 있지만,

부모는 물론, 첫 손주를 보는 조부모와 외조부모, 친척 어른들에게도 온갖 사랑을 받는다. 이렇게 첫아이 대부분은 많은 사랑을 받고, 많은 사랑을 줄 수 있는 자존감 높고 독립적인 아이로 성장한다.

그런데 이런 환경은 동생이 태어나는 순간 바뀐다. 집에서 유일했던 아이는 '첫째' 아이가 되고, 자신이 태어날 때부터 지금까지 받았던 관심은 이제 동생에게로 쏠린다. 이때 첫째 아이가 느끼는 상실감과 박탈감은 어마어마하다.

만약 앞서 말했듯이 첫째 아이가 동생을 긍정적으로 받아들일 수 있는 계기를 마련해주지 않거나, 혹은 부모가 아이를 차별한다면 첫째 아이는 더욱 상처를 받고 여러 가지 문제 행동을 일으킨다.

이처럼 아직 부모의 영향을 받는 어린아이인데도, 때로 우리는 첫째라는 이유로 아이에게 너무 큰 책임을 지운다.

"너는 형이니까 양보해야지!"
"너는 언니니까 동생을 잘 돌봐줘야지."

따라서 동생의 존재로 이미 부정적인 감정을 느끼고 있을 아이에게 어른도 감당하기 힘든 차별과 책임감을 부여하는 말은 하지 않는 게 좋다.

첫째인 G는 여자아이였고, 둘째는 남자아이였다. 첫째와 둘째 사이의 터울은 1년밖에 나지 않았다. 게다가 둘째는 미숙아로 태어나는 바람에 발달상의 문제가 있었다. 이 때문에 부모와 조부모의 관심은 모두 둘째에게 쏠려 있었고, 첫째는 자신의 의지와 상관없이 의젓한 누나 역할을 해야만 하는 상황에 몰렸다.

이 때문에 부모가 둘째에게 관심을 가지고 이야기하면 "나는?"이라고 물으며 부모의 관심을 바라는 태도를 보였다. 또한 평소에도 주눅 들어 있고 표정에도 우울함이 묻어났다.

물론 첫째 아이 중에는 어른들도 놀랄 정도로 성숙한 태도를 보이는 경우도 있다. 이런 아이를 흔히 '애늙은이'라고 하는데, 이는 아이가 특별히 어른스럽다거나, 첫째로서의 역할을 잘 이해해서 그런 것이 아니다. 부모가 첫째 아이에게 지나치게 책임을 지우거나, 동생을 돌보느라 첫째에게 소홀했기 때문이다. 이런 경우 아이는 스스로를 돌보기 위해 애쓰고 자신의 역할을 다하기 위해 힘껏 부모를 돕는다. 이런 아이의 발버둥이 어른의 눈에는 '의젓함'으로 비치는 것이다.

과거에는 첫째 아이가, 특히 딸이 엄마의 육아와 가사를 옆에서

돕곤 했다. 오죽하면 'K장녀'라는 말이 있을까. 부모의 심부름은 당연히 전담했고, 마치 엄마처럼 어린 동생을 업어 키우는 일도 많았다. 지금은 그런 일이 별로 없지만, 아직도 여전히 '첫째 아이'라는 위치가 주는 안정감 때문에 엄마가 첫째에게 육아의 책임을 과도하게 맡기는 경우도 있다.

하지만 육아는 어린아이가 아닌 엄마와 아빠의 몫이라는 것을 잊지 말아야 한다. 첫째도 아이답게 자랄 수 있도록 부모가 신경 써주는 것이 무척 중요하다.

🌱 둘째, 셋째에게도 공평한 관심을

지금까지 첫째 아이의 고충에 대해 이야기했지만, 둘째 아이, 셋째 아이라고 해서 문제가 없는 것은 아니다. 셋째 아이는 막내나 오히려 사랑을 지나치게 받기 때문에 버릇없이 자랄 수도 있다. 둘째 아이의 경우는 자신의 존재감이 명확하지 않다고 느낄 수 있다. 첫째로서의 인정도, 막내로서의 사랑도 받지 못하는 어중간한 위치에 있기 때문이다.

이 때문에 둘째 아이는 부모의 관심을 받고 싶어서 문제 행동을 일으키는 경우가 많다. 첫째 아이는 둘째가 부모님의 관심을 뺏는다고 느끼지만, 사실 첫째를 키우며 온갖 법석을 떨었던 것에 비하면 둘째를 키울 때에는 비교적 반응도가 낮을 수밖에 없다. 또한 둘째 아이 입장에선 이미 부모의 관심을 나누어 가지는 첫째가 있다. 그렇기 때문에 둘째 아이는 오로지 자신만을 향한 관심과 사랑은 부족하다고 느낄 수 있다.

그래서 둘째 아이는 온갖 문제 행동을 일으켜 부정적인 관심이나마 받고자 하거나, 반대로 착한 아이가 되어 심부름 잘하고 말 잘 들으며 부모의 호감과 관심을 구한다. 겉으로는 완전히 달라 보여도 그 마음 깊숙이 들여다보면 같은 마음이 있다.

'엄마 아빠, 나 좀 바라봐주세요!'

둘째 아이가 부모의 마음에 드는 행동으로 관심과 인정을 받는 경우, 어른의 입장에서는 아이를 바람직하다고 생각할 수 있다. 하지만 부모의 입맛에 맞는 행동만 하려는 아이는 자신의 감정보다는 자신을 평가하는 다른 사람의 감정에 더 충실하게 된다. 그 결과 자신이 원하는 일보다 남이 원하는 일을 하는 경우가 더 많아진다. 겉으로 보기에는 남을 잘 돕는 이타적인 사람으로 비치겠지만, 실상은 자기 자신의 감정과 욕구를 잃은 채 다른 사람을 중심으로 결정하고 선택하는 존재가 되는 것이다.

문제 행동을 일으켜 부모의 관심을 구하는 경우는 문제가 조금 더 심각하다. 첫째 아이는 주변의 관심과 인정을 받고, 옷이나 신발, 장난감도 새것을 받는 경우가 많다. 하지만 둘째 아이는 그렇지 못하다. 이런 차별 아닌 차별에 억울함이나 슬픔을 쉽사리 토로할 수도 없다. 그러다 보면 억눌린 감정은 화를 불러일으키고, 쌓인 화는 분노가 된다. 이 분노를 되갚기 위해 부모가 싫어하는 행동을 하면서 관심을 끌거나 앙갚음을 하는 것이다.

그러면 어떻게 해야 첫째와 둘째, 셋째 아이가 저마다 품고 있는 결핍을 해결해줄 수 있을까? 보통 대부분의 부모들은 세 아이와 함께 활동을 한다. 이렇게 하는 게 가장 쉽고 일반적이지만, 조금만 생각을 바꿔보자. 세 아이와 1시간을 함께 놀기도 하고, 가끔씩 아이별로 20분씩 따로 노는 시간을 가져보는 것이다.

바쁘게 돌아가는 요즘 시대에, 시간적으로 넉넉지 않은 부모가 많을 것이다. 아이별로 따로 시간을 보내는 방법이 제한적일 수 있다. 하지만 중요한 것은 아이가 온전히 혼자 부모의 관심을 받는다는 느낌을 주는 것이다. 물론 아이들이 선택할 수 있도록 미리 이야기해두어야 한다.

🌱 충분히 사랑해주는 따로따로 데이트

"자, 오늘은 밖이 아니라 집에서 놀 거야. 우리 다 같이 놀기도 하고, 한 사람씩 엄마 아빠랑 셋이서 노는 시간도 가져보자. 어때?"

이때 부모와 놀 아이를 정하는 방식은 신중해야 한다. '꽝'이 있는 제비뽑기는 좋지 않다. 어른들도 제비뽑기에서 나쁜 결과가 나오면 허탈한데, 하물며 감수성이 예민한 아이들은 어떨까? 그보다는 좋고 나쁨이 없는 방식으로 순서를 정하는 것이 좋다. 예를 들면, 여러 색의 블록을 주머니에 넣은 뒤 미리 아이들과 색깔별로 순서를 정해보는 것이다.

"자, 어떤 색을 뽑은 사람이 엄마 아빠랑 먼저 놀 수 있을까?"

그러면 아이들은 저마다 열심히 이야기하며 순서를 정할 것이다. 빨강은 첫 번째, 노랑은 두 번째, 파랑은 세 번째! 이런 식으로 순서를 정하면, 자신들이 선택한 것이기 때문에 싸움이 날 일도 별로 없다. 그리고 나서 정해진 순서대로 시간을 정확히 지켜 놀아주면 된다.

이렇게 한 아이씩 놀아주면 오히려 아이의 발달 수준에 맞추어 놀아줄 수 있고, 아이도 소외감 대신 부모를 온전히 차지했다는 만족감을 얻는다. 이렇게 오롯이 사랑과 존중을 받는 느낌은 첫째에게도, 둘째에게도, 셋째에게도 꼭 필요하다. 부모가 짧게라도 시간을 내어 아이들과 개별적으로 보내야 하는 이유다.

돌아가면서 한 아이씩 '데이트'를 하는 이벤트도 좋다. 우리 어린이집에서는 다자녀를 둔 부모에게, 여러 아이 중 한 아이만 일찍 데리고 나가 데이트를 하고 오라고 권하기도 한다. 책방이나 도서관에 가거나, 마트에서 원하는 것을 사주거나, 가까운 공원에서 산책하는 것도 좋다.

중요한 것은 이런 시간을 설레고 재미있는 이벤트로 기억하게끔 해준다. 이름을 붙여주지 않으면 이런 시간은 쉽게 잊힌다. 아이와 보내는 시간을 특별한 날처럼 약속하고 달력에 표시해둔다. 그러면 아이는 부모에게 온전히 사랑받았던 시간을 어른이 되어서도 기억하게 되는 것이다.

이렇게 부모가 한 아이씩 시간을 보내면 아이가 얼마나 자랐는지, 요즘에는 어떤 생각을 하고 어떤 기분을 느끼는지 더 잘 파악할 수 있다. 여러 아이를 한꺼번에 돌보다 보면 이런 세세한 부분까지는 살피기 어렵기 때문이다. 어찌 보면 여러 아이와 함께 시간을 보낼 때보다, 한 아이씩 따로따로 보낼 때 훨씬 효율적으로 시간을 쓰는 셈이다.

🌱 비교는 절대 금물

여러 아이를 키울 때 절대 하지 말아야 할 것이 있다. 바로 '비교'이다. 아이마다 발달 속도가 다르다. 같은 나이라도 성별이나 기질에 따라 신체와 정신의 발달 속도가 다를 수 있다. 그런데도 개인의 특성이나 속도의 차이를 두고 비교한다면 비교당한 아이는 주눅이 들고 자존감에 상처를 받는다. 심할 경우 자아상이 망가질 수도 있다.

부모가 같더라도 아이 한 명 한 명은 완전히 다른 개별적인 존재이다. 유전자도 자라온 환경도 기질도 다 다르다. 먼저 태어났느냐, 나중에 태어났느냐에 따라서도 저마다 품은 문제가 다르다. 그런데 어떻게 내 아이를 형제자매 혹은 또래 친구와 비교할 수 있을까? 아이는 그 자체의 고유성으로 봐주어야 한다.

부모들에게 부모교육을 할 때 어떤 과일을 좋아하냐고 질문한다. 웬 생뚱맞은 질문에 부모들은 딸기, 사과, 포도, 배, 복숭아, 귤 등 좋아하는 과일의 이름을 댄다. 여러 과일이 저마다의 특징과 시기가 존재하듯, 아이들도 저마다의 특징을 가지고 발달 계절에 맞게 꽃이 피고 열매 맺는 시기가 다르다. 딸기처럼 예민한 아이에게 감이나 배와 같은 단단한 과일로 왜 자라지 못하냐고 핀잔을 주거나, 배와 감처럼 늦게 열매 맺는 아이에게 이른 봄의 딸기를 원한다면 아이의 독특함을 무시하는 것이다. 아이들은 모두 저마다 독특하고 놀라운 존재임을 기억하자.

비슷한 맥락에서 아이들 앞에서 다른 아이를 혼내지도 말아야 한다. 아이들이 혼난 아이를 무시하고 함부로 대할 수도 있기 때문이다. 특히 첫째 아이의 권위를 잘 세워주어야 둘째와 셋째 아이가 첫째의 바른 행동을 잘 따라 하거나, 말을 잘 듣는다. 따라서 가급적 첫째 아이에게 긍정적으로 힘을 실어주는 행동을 하면 좋다.

그렇다고 첫째 아이가 둘째나 셋째를 지나치게 혼내고 지적하게 돼서도 안 된다. 육아에서 가장 어려운 부분이 바로 균형을 잡는 것이다. 첫째 아이를 동생에게 존중받는 존재로 만들어주되, 첫째 아이가 그 권위를 이용해 동생에게 함부로 가르치려 든다면 훈육은 부모의 역할임을 알려주며 못 하게 해야 한다.

모든 육아가 쉽지 않지만, 특히 여러 자녀를 키우는 것은 굉장히 힘들다. 하지만 첫째 아이에게 충분한 존중과 사랑을 준다면, 그 사랑이 흘러 둘째와 셋째에게도 스며들 것이다.

첫째에게만 모든 사랑을 쏟으라는 뜻이 아니다. 앞서 말했듯 아이 한 명 한 명에게 온전한 사랑을 주는 것이 가장 중요하다. 부모는 아무것도 하지 않으면서 첫째 아이가 받은 사랑을 동생들에게 나누어주기를 기대하는 것은 첫째에게 너무 많은 부담을 주는 일이다.

세 아이를 모두 행복하게 해주고 싶다면, 부모가 먼저 아이 한 명 한 명의 독특함을 인정하고 사랑을 건네주어야 한다.

엄마,
누가 더 좋아요?

오리타 리넨 글
나카다 이쿠미 그림

 그림책 《엄마, 누가 더 좋아요?》로 형제자매끼리 싸우는 아이들에게 말 걸기

《엄마, 누가 더 좋아요?》에서 남매는 서로 오빠가 잘못했니, 네가 잘못했니 다투다가 엄마에게 이렇게 묻는다.
"엄마, 우리 중에 누가 더 좋아?"
아마 '엄마 아빠 중에 누가 더 좋아?'라는 질문과 비슷하게 어려운 질문 아닐까. 둘 다 똑같이 좋다고 답하면 안 된다는 점도 비슷하다.

이 그림책 속의 엄마는 뭐라고 답했을까?

"음, 누가 더 좋은지 고를 수 없는데! ······ 시하는 사과 같고, 율이는 귤 같아서."

이게 무슨 말일까? 남매 역시 아리송한 눈치다. 서로 자기는 사과가 좋고, 자기는 귤이 좋다며 엄마를 설득한다. 하지만 한 바구니에 담긴 귤과 사과는 맛과 식감이 달라도 모두 맛있는 과일이다.

아이들도 마찬가지다. 좋아하는 것도 잘하는 것도 습관이나 버릇도 서로 다르지만 여전히 엄마가 사랑하는 아이들이다.

요즘 들어 아이들이 티격태격 싸운다면, 한 명씩 따로 불러 앉혀 이 그림책을 함께 읽어보자. 단둘이 책을 읽으며 아이가 좋아하는 과일은 물론, 요즘 재미있게 보는 만화나 관심 가는 친구에 대해서 물어보자.

그러다 아이가 "그럼 엄마 아빠는 우리 중 누가 좋아?" 하고 물으면 이렇게 답해보면 어떨까?

"너희들 중 한 사람만 더 좋거나 덜 좋지 않아. 엄마 아빠는 너희 한 사람 한 사람을 있는 그대로 사랑해."

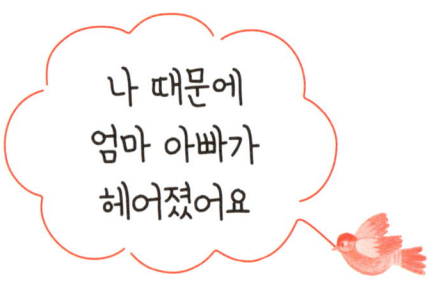

결혼할 때 이혼을 생각하며 결혼하는 사람은 없을 것이다. 처음에는 상대방이 정말 좋아서, 평생을 같이하고 싶은 마음에 결혼을 한다. 하지만 같이 살다 보면 가치관과 의견이 다른 것 때문에 싸움이 시작된다. 이를 잘 해결하면 더욱 끈끈한 부부 사이가 되지만, 싸움이 잦아지고 의견이 충돌하다 보면, 결국 함께 사는 것이 서로에게 아픔이 된다. 부부는 그렇게 이혼을 결심한다.

인생을 살면서 누구나 실패를 경험하지만, 가장 후유증이 심한 것은 아마 관계의 실패, 이혼이 아닐까 싶다. 헤어진 당사자들의 상처가 마음 깊이 오래 남기 때문이다.

게다가 당사자가 아님에도 상처를 받는 사람이 있다. 바로 이혼한 부부의 자녀이다. 사실 부부가 이혼하는 이유는 대부분 부부 간의 문제 때문이다. 그러나 어린아이는 엄마와 아빠의 헤어짐을 부모의 문제라고만 생각하지 않는다. 자신이 잘못하거나 뭔가 실수해서, 엄마 아빠 말을 잘 듣지 않아서 이혼한다고 생각한다. 이혼은 아이의 문제가 아닌데도 아이 스스로 자책하며 주관적이고 현상학적인 경험으로 왜곡된 논리를 만들어 사실처럼 믿는다.

🌱 네 잘못이 아니야

이때 아이에게 이것이 네 책임이 아니라는 것을 명확하게 알려 줄 필요가 있다.

"네가 잘못해서 엄마 아빠가 헤어지는 게 아니야. 이건 엄마와 아빠 문제야. 너도 싸워서 같이 놀지 않는 친구 있지? 엄마랑 아빠도 똑같아. 처음에는 사이좋게 지냈는데, 서로 생각이 달라서 계속 싸우게 됐어. 그래서 헤어지게 된 거야. 하지만 엄마와 아빠는 앞으로도 쭉 네 엄마 아빠일 거야. 단지 같이 살지 않을 뿐 엄마 아빠가 없는 게 아니야."

예전에 한 강의에서 들은 이혼에 대한 비유가 생각난다. 같이 살던 부부가 이혼하는 것은 마치 강력접착제로 붙인 종이와 종이를 떼어내는 것과 같다고 한다. 이렇게 딱 붙인 종이를 서로 떼어내려면 어쩔 수 없이 둘 다 너덜너덜해질 수밖에 없다고. 그래서 이혼에는 가해자나 피해자가 따로 있지 않단다. 둘 다 피해자이면서 가해자일 수도 있다. 하지만 이것은 부부 당사자 간의 이야기다.

부부와 아이를 놓고 본다면, 아이는 부모의 이혼으로 원치 않게 피해를 입은 피해자일 것이다. 따라서 부모는 아이가 더는 상처받지 않도록 아이에게 분명하게 이야기해줄 책임이 있다.

부모의 이혼으로 다친 아이 마음 헤아리기

이혼한 부부 대부분은 한쪽이 아이를 맡아 키운다. 이때 아이를 키우는 쪽에서는 현실적인 경제적 부담과 함께 양육에 대한 책임으로 불안해하는데, 그러다 보니 아이에게 전 배우자에 대한 원망을 쏟아내기도 한다.

물론 부모 심정도 충분히 이해된다. 하지만 부모 자신의 불안감보다는 이혼으로 뜻하지 않게 다친 아이의 마음을 먼저 살펴야 한다. 아이는 이미 엄마와 아빠가 같이 살지 않아 상실감이 크다. 그런데 함께 사는 부모가 아이의 불안을 달래지 않고 억압하고 책임을 강요한다면 어떨까? 마치 한쪽 다리를 다친 사람에게 짐을 더 얹어주는 것과 같다.

이렇게 되면 부모의 뜻과는 달리 아이의 마음은 더욱 힘들어질 것이다. 어쩌면 아이를 무너뜨리는 것은 이혼뿐만이 아니라, 이혼으로 바뀐 부모의 정서 상태일지도 모른다.

이혼은 사랑했던 사람에 대한 마음이 증오로 바뀌어가는 과정의 결말이다. 이 과정을 겪은 부부 당사자의 마음이 불안정한 건 당연하다. 그렇더라도 아이 앞에서 헤어진 사람을 흉보거나 깎아내려서는 안 된다. 본인에게는 원수일지 몰라도, 아이에게는 같이 사나 따로 사나 똑같이 부모이다.

이런 상황에서 한쪽 부모의 욕을 듣는다면, 아이는 자신이 살아남기 위해 누구 편에 서고 어떻게 말해야 하는지 혼란스럽다. 아이는 엄마가 여전히 그립고 좋은데, 아빠가 엄마 욕을 한다면 대체 어떤 말을 해야 할까? 아이가 이런 고통에 빠지지 않도록 헤어진 상대에 대한 이야기는 조심해야 한다.

전 배우자에 대한 이야기를 꼭 해야 한다면 되도록 좋은 점만을 이야기하자. 세상에 완전히 나쁘거나 완전히 좋은 사람은 없다. 특별한 경우가 아니라면 전 배우자도 아마 그랬을 것이다. 아이를 위해서라도 전 배우자의 좋은 점은 인정하는 객관적인 태도를 지녀야 한다.

그리고 부부 관계가 끝났다 하더라도 공동 양육자로서의 책임은 유지해야 한다. 아이와 함께 사는 부모만 양육의 책임이 있는 것이 아니다. 아이는 두 사람이 서로 사랑해서 낳은 귀한 존재다. 헤어졌더라도 아이라는 매듭은 여전히 남아 있으므로, 두 사람 중 누구도 양육의 의무를 포기해서는 안 된다. 아이 앞에서 상대 부모에 대한 험담을 삼가야 하는 것도 바로 이 공동 양육 관계를 잘 유지하기 위함이다.

또 아이가 따로 사는 부모를 추억할 수 있도록 상대의 물건이나 사진을 남겨놓는 것도 좋다. 전 배우자를 아예 없던 사람으로 여기기보다는 아이가 마음껏 그리워할 수 있게 해준다. 아이가 건강하게 상실을 받아들이는 방법이다.

아이가 전 배우자와 만나는 것도 막지 않는다. 아이가 따로 사는 부모와 만나는 날이나, 그 부모의 집에서 자고 오는 날을 잘 지켜주는 것도 중요하다. 부모가 서로에게 가진 나쁜 감정을 아이에게 전이시키지 않기 위함이다. 부모가 서로를 싫어한다고 느낄 때마다 아이의 마음은 다치고 또 다친다는 것을 기억하자.

또한 이혼 후에는 아이 혼자 있는 시간을 되도록 줄여준다. 맞벌이가 아닌 이상, 이혼 전에는 적어도 한 명의 부모가 함께 있어주었기에 아이 혼자 보내는 시간이 적었을 것이다. 그러나 이혼 후에는 양육자가 일을 하거나 외출했을 때 아이와 같이 있어줄 사람이 없다. 따라서 조부모나 가까운 친인척에게 도움을 요청해 아이를 부탁한다. 아이와 오랜 시간을 함께 보낼 수 없다면, 아이와 함께하는 시간만이라도 아이에게 온전히 집중할 필요가 있다.

🌱 다양한 형태의 가정을 배려하는 사회

이혼 가정의 아이가 잘 자라기 위해 필요한 것이 한 가지 더 있다. 바로 주변 사람들의 편견 없는 시선이다. 한부모가정의 아이라고 하면 아직까지도 엇나가거나 결핍이 있는 아이일 거라 생각하는 경우가 많다.

하지만 진짜 문제는 아직 다 자라지 않은 아이를 몇몇 행동만 보고 문제아로 낙인찍는 바로 그 시선이 아닐까? 한부모가정의 아이라는 이유만으로 지나친 잣대를 들이대는 것이다. 부모가 시혜롭게 노력한다면 양부모가정이든 한부모가정이든 상관없이 아이는 건강하고 바르게 잘 자란다.

주변에 한부모가정의 아이가 있다면 차가운 시선을 거두고 있는 그대로 바라봐주자. 내 아이의 친구로서, 우리 사회가 보살펴야 할 아이 중의 하나로 아픔을 내색하지 않고 애쓰고 있는 아이를 더 보듬어주었으면 한다. 우리 어린이집에서도 한부모가정이라는 상황이 어린이집 생활에 걸림돌이 되지 않도록 배려한다.

이처럼 아이들을 맡아 기르는 보육기관뿐만 아니라 사회적으로도 한부모가정을 비롯한 다양한 형태의 가정에 배려가 필요해 보인다.

"아이 하나를 키우려면 온 마을이 필요하다"라는 말처럼, 우리 사회가 좀 더 애정 어린 관심을 가지고 다양한 상황에 놓인 아이들을 살펴야 한다. 단 한 번이라도 좋다. 한 번의 호의와 관심이 모이고 쌓이면 아이 하나를 지키고도 남는 힘을 발휘할 수 있을 것이다.

난 이제
누구랑 살지?

에밀리 메넨데스 아폰테 글
R. W. 앨리 그림

 **그림책 《난 이제 누구랑 살지?》로 이혼 가정 아이에게 말 걸기**

이혼의 후폭풍은 특히 아이에게 더욱 가혹하다. 이유도 질서도 없이 마음을 헤집는 폭풍 앞에서 작고 여린 아이는 흔들리고 넘어질 수밖에 없다.
《난 이제 누구랑 살지?》에는 부모의 이혼으로 흔들리는 아이가 버팀목처럼 붙잡을 수 있는 조언이 가득하다. 그러나 아이에게 무작정 괜찮을 거라는 말로 최면을 걸어주는 책은 아니다. 오히려 이혼으로

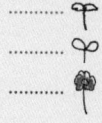
달라질 현실을 차분히 설명하며 아이가 상황을 받아들이도록 도와준다.

많은 것이 바뀔 거라는 말은 아이가 받아들이기에 매우 두렵고 아플 수 있다. 부디 "엄마 아빠는 서로 너무 달라서 이혼하는 거니까 결코 네 탓이 아니야"라고 전해주자. 이런 조언은 아이가 지금 이 상황을 견디고 이별을 자연스럽게 받아들이게 하는 고마운 길잡이가 되어줄 것이다.

물론 아이는 지금 당장 괜찮아지지 않을지도 모른다. 부모는 서로 안 맞아서 이혼한 거지만 아이 편에서 보면 부모 중에 한쪽을 잃은 것이니까. 어느 한쪽을 떠올리며 괴로워할 가능성이 크다. 그럴지라도 기다려주자. 아이가 느낄 슬프고 허한 감정을 살피고 또 살피고 헤아리고 또 헤아려주길 바란다.

이혼 가정의 부모라면, 혹은 주변에 이혼 가정의 아이가 있다면 아이에게 《난 이제 누구랑 살지?》를 건네며 함께 읽어보자.

아이는 자신을 뒤흔드는 거센 바람에 맞서 이 그림책에 담긴 문장을 하나하나 붙잡으며 느리게나마 앞으로 나아갈 수 있을 것이다. 이혼이 주는 아픔에 머

 무르지 않고, 자신만의 방식으로 상황을 받아들이며 또 한 번 성장할 것이다.
그런 아이를 따듯하게 바라보며 이렇게 말해주자.

"엄마 아빠는 네가 행복하기를 바라. 엄마 아빠 둘 다 너를 너무너무 사랑해."

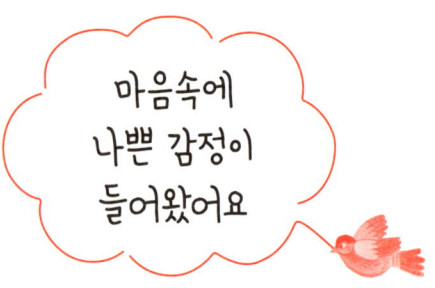

마음속에
나쁜 감정이
들어왔어요

💬 감정을 말할 때 '마음이 아파', '마음이 좋아' 등 마음에 대한 이야기를 많이 한다. '마음 씀씀이가 예뻐', '마음이 고약해'라고도 하며 '마음을 쓴다'라고도 표현한다.

가끔 스스로에게 이런 질문을 한다. 우리의 신체 구조 중에 마음은 어디에 있는 것일까? 마음을 이야기할 때 손을 자연스럽게 가슴에 가져다 대기도 해서 우리는 마음이 심장이라고 하기도 한다. 뇌를 연구하는 뇌신경학자들은 마음이 감정을 담당하는 변연계 안에 있다고도 한다. 그것이 가슴에 있든, 뇌에 있든, 우리 눈에는 보이지 않지만 없다고는 할 수 없는 것이 마음이다.

그런데 마음에 어떤 감정을 담느냐에 따라 우리의 말과 행동이

다르게 나타난다. 마음에 욕심을 담으면 행동에서 욕심을 부리는 욕심꾸러기가 되고, 마음에 사랑을 담으면 사랑 많은 사람이 된다. 마음에 무엇을 담느냐에 따라 그것은 밖으로 꼬물꼬물 드러난다. 그렇다면 아이들의 마음에는 어떤 것을 담아주어야 할까. 그리고 우리 마음에는 무엇을 담아야 할까? 지금 내 마음에는 무엇을 담고 있는가?

🌱 사랑받고 존중받았던 기억 심어주기

"모든 지킬 만한 것 중에 더욱 네 마음을 지키라."

성경 잠언에 나오는 구절이다. 마음은 한 인생을 결정지을 만큼 중요하기에 더욱 잘 지키고 관리해야 한다. 그런데 눈에 보이지 않아서 무엇을 담아야 하는지 깊이 고민하지 않는 우리다.

나는 아이들에게 사랑받고 존중받았던 기억을 마음에 담아주고 싶다. 행복하고 기뻤던 기억, 힘들었지만 끈기 있게 도전해서 성공했던 기억, 내가 힘들 때 "힘내! 할 수 있어!"라고 말하며 손을 잡아준 친구나 선생님의 기억, 누군가를 도와준 기억, 나를 위해 맛있는 음식을 만들어준 엄마의 기억, 늦은 밤 퇴근해서 다정하게 나를 어루만져주던 아빠의 기억을 아이들 마음에 담아주고 싶다.

　이런 좋은 기억들이 마음을 따뜻하게 하고 그 따듯함이 말과 행동으로 나타나게 아이들을 키워낸다면, 세상은 지금보다 훨씬 온기가 있는 이야기로 뉴스에 오르내릴 것이다.

　마음이 허기져서 그 허기를 달래기 위해 중독적인 행동을 하고, 일상에서 들어보지 못한 따뜻한 공감의 말들을 듣기 위해 SNS에 지나칠 정도로 사생활을 노출하고 누군가의 관심과 공감, 인정을 기다린다. 그래서 일상보다는 가상의 세계에서 사회관계를 편하게 생각하는 디지털 시대의 빈 마음을 가진 우리 아이들이다. 이런 아이들의 반항적인 행동을 보면 '나 좀 봐주세요! 나 여기 있어요!'를 외치는 처절한 몸부림 같다.

　때론 아무것도 아닌 일상의 기억이 아픈 기억으로 남아 삶을 이끄는 단서가 되기도 한다. 어른들이 아무렇지 않게 한 말과 행동이 아이에게 상처와 오해를 주어 평생 삶의 그림자처럼 따라다니며 왜곡된 정체성으로 아파하게 한다. 그래서 아이들의 행복한 삶을 위해 따듯한 추억을 일부러라도 만들어주고, 어른들에게 받은 상처와 오해를 풀어주는 노력이 절실히 필요하다.

아이가 가장 원하는 것, 부모와 함께

88올림픽 이후 경제가 성장하고 일손이 모자라는 사회적 분위기에서 부모들은 맞벌이를 위해 아이를 어린이집에 맡기고 일터로 나갔다. 그렇게 아이들을 담보로 경제적 부를 축적하고, 아이들에게 주어야 하는 엄마 아빠의 따듯한 사랑 대신 물질적인 것들로 그 마음을 채워주었다. 어린이집에 맡긴 것이 안쓰러워 돈으로 더 아이들을 키웠는지도 모른다. 그때의 어린이집 1세대 아이들이 시간이 흘러 어느덧 엄마 세대가 되었다.

국가는 아이들이 마땅히 보호받아야 하는 보호권이나 발달권을 정책으로 내세웠다. 정부에서 보육료를 책임지고, 하루 12시간을 기본으로 보육하고, 더 나아가 야간이나 주말에도 부모가 필요로 할 때는 아이를 기관에 맡기도록 허용하면서 아이들이 잘 자라길 바라고 있다.

하지만 교사 대 아동 비율은 30년 전이나 지금이나 똑같고, 아이들이 하루 종일 생활하는 보육실 면적에 대한 기준도 달라진 게 거의 없다. 나름 변화된 정책인 보육 시간과 비용으로 부모의 환심을 샀지만, 정작 아이들과 부모에게 필요한 것들은 제공되지 못하고 있는 게 현실이다. 진정 아이들의 마음을 들여다보고 원하는 것이 무엇인지 다양한 입장이나 장기적인 안목에서 거시적으로 깊이 생각해보지 않은 듯하다.

도시에서 태어난 아이들은 유모차에 실려 다니고, 자동차 카시트에 태워 다니는 것이 우리의 일상이 되었다. 미세먼지로 외부 놀이터보다는 키즈카페가 익숙하고, 주말이면 부모 손에 이끌려 쇼핑몰에서 하루를 보내기 일쑤다. 아이들이 부모와 함께 맘껏 웃으며 뛰어놀 공간은 쉽사리 찾기 어렵다. 아이들이 식당이나 카페에서 스마트폰이나 패드에 푹 빠져 있는 모습은 너무나 흔한 풍경이다.

얼마 전 니콜라스 케이지 주연의 영화 〈패밀리 맨〉을 보았다. 월스트리트 최고의 투자전문가인 잭 캠벨과 연인 케이트에 관한 러브 스토리이다. 내용 중에 인상적이었던 것은 잭이 뉴욕으로 출퇴근을 한다고 하니, 케이트가 하루 왕복 3시간이나 걸리는 뉴욕으로 출퇴근을 하면 아이와 놀아줄 시간이 없다며 반대하는 장면이 있었다. 그들이 직장을 선택할 때 아이들과 함께 놀아줄 시간과 추억을 만들 수 있는 집과 동네를 우선시하는 걸 보며, 우리 사회의 가치와 많이 다르다는 것을 알 수 있었다.

우리는 매달 지불해야 하는 대출금과 자동차 유지비, 의료비, 보험료, 사교육비 등을 걱정하며 아이들과 놀아주기보다 열심히 일하는 쪽을 선택하고, 그것이 부모 역할이라 생각하는 경우가 많다. 그러나 아이들이 원하는 것은 부모와 함께한 많은 추억이고,

그 추억이 험한 세상을 헤쳐나갈 힘이 된다는 것을 나이 예순을 바라보며 깨달았다.

  부모교육을 하다 보면 과거 부모에게 받은 상처로 여전히 마음 아파하며 부모와 데면데면한 관계로 살아가는 이들이 많다. 자신의 아이에게는 엄마처럼 하지 말아야지 하면서 자신도 모르게 부모의 양육 태도를 무의식적으로 닮아 상처를 전수하기도 한다.

  어린이집이 할 수 있는 역할은 긴 시간을 부모와 함께하지 못하는 아이들에게 부모를 대신해 따듯한 추억을 많이 남기도록 최선을 다하는 것이다. 그럼에도 아이들이 가장 원하는 것은 부모이기 때문에 아이 마음이 허해지는 것은 어쩔 도리가 없다.

  지금의 보육 현장을 보면 영양이나 안전사고 예방, 건강, 보육실 환경 등 눈에 보이는 조건은 선진국을 앞서 있다. 그러나 아이들과 부모가 함께하는 물리적 시간과 정서적 연결은 점점 어려워지는 정책을 보면, 아이를 대신해 화가 나기도 하고 다음 세대가 걱정되어 안타깝기도 하다.

❦ 훗날 웃음 지을 추억을 안겨주려면

  아이가 태어나 하루 12시간 어린이집에 머물고 초등학교에 입학해 늘봄학교에서 저녁 8시까지 생활한다고 가정해보자. 이 아이는 엄마가 해주는 따듯한 밥 대신 스테인리스 식판에 담긴 급식을 먹은 기억을 가지고 성장할 것이다. 이 아이에게 기억은 무엇이고 추억은 무엇일까? 식구들과 오순도순 눈길을 나누며 영혼을 살찌우는 밥을 먹은 추억을 가진 아이는, 획일적인 스테인리스 식판에 담긴 급식을 먹은 기억을 가진 아이와 그 마음의 온도와 무게를 비교할 수가 없다.

우리는 무엇이 우선되어야 진정으로 아이들을 사랑하고 존중하는 것인지 깊이 고민해보아야 한다. 어른의 기준이 아닌 온전히 아이가 기준이 되어야 한다. 그에 따른 정책의 우선순위도 바뀌어야 할 것이다.

다시 묻고 싶다. 아이의 마음에 무엇을 담아주고 싶은지.

감정 호텔

리디아
브란코비치 글·그림

 **그림책 《감정 호텔》로 나쁜 감정이 뭐냐고 묻는 아이에게 말 걸기**

이 그림책에 나오는 '감정 호텔'은 매일매일 다양한 감정들이 머물다 가는 곳이다. 슬픔은 목소리가 작고, 분노는 시끄럽다. 그래서 귀를 기울이지 않으면 슬픔의 목소리가 잘 들리지 않는다. 분노를 위해서는 마음껏 소리 지를 수 있도록 큰 방을 내주어야 한다. 감정 호텔의 지배인은 감정들이 잘 지내고 있는지 세심하게 보살펴야 한다.

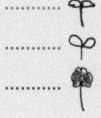 물론 늘 까다로운 감정들만 있는 것은 아니다. 사랑과 기쁨, 희망이 오면 호텔은 환한 빛과 웃음으로 가득 찬다.

어떤 감정이든 존중하고 받아들이는 감정 호텔의 지배인처럼 비록 우리 마음속에 나쁜 감정이 들어섰을지라도 그건 나쁜 게 아니라고 아이에게 말해주어야 한다.

다만 감정 호텔에 어떤 감정이 찾아왔는지 지배인은 바로 알 듯, 내가 지금 느끼는 감정이 무엇인지 알아차릴 수 있어야 감정 조절을 할 수 있다고 설명해주자.

"나쁜 감정은 없어. 그것도 너의 감정이니까 소중해. 하지만 친구는 그 감정 때문에 불편할 수 있어. 그러니 네 마음에 나쁜 감정이 찾아왔다고 생각되면 눈을 감아봐. 주먹을 꼭 쥐고 후……. 심호흡을 하면서."

175

Chapter 3

남달라서
특별한 아이에게
말 걸기

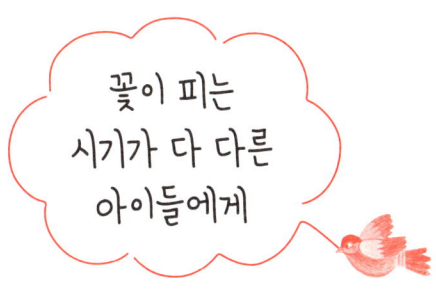

꽃이 피는 시기가 다 다른 아이들에게

💬 모든 아이는 장점 하나씩은 가지고 태어난다. '달란트'라고도 하는데, 이를 입증하는 것이 바로 하워드 가드너의 다중지능 이론이다. 미국의 심리학자 가드너는 인간에게 9가지 지능이 있다고 주장했다. 그리고 모든 사람은 이 9가지 지능 중에서 어느 하나쯤 탁월성을 가지고 태어난다고 말했다. 예를 들어, 신체운동의 지능이 높은 아이가 있는가 하면, 언어적 지능이 높은 아이가 있고, 대인관계 지능이 높은 아이가 있다면, 수학적 지능이 뛰어난 아이도 있다는 것이다.

연수를 가서 보니 독일의 교육 과정은 '관찰'을 중요시한다. 아이가 태어나서 어린이집이나 유치원에 들어가면 교사는 아이가 어느 영역의 놀이에 가장 오래 머무는지 관찰한다. 그 아이가 잘하는 영역을 계속해서 생활기록부에 기록해주고, 그다음 단계의 교육기관에서도 그에 대한 사실을 계속해서 관찰하고 평가해준다. 이렇게 교사들은 아이의 전반적인 성장 과정을 관찰해 아이의 타고난 잠재 능력을 꽃피워준다. 아이가 하나의 전문성을 가지고 공부하고, 진로를 선택해 탁월성을 드러낼 수 있도록 도와주는 것이다.

그래서 부모는 아이에게 어떤 활동과 공부를 할지 강요하기 전에 아이를 잘 관찰하고, 마음을 물어봐 주며 장점을 찾아주어야 한다.

"정말 네가 하고 싶은 건 뭐야?"
"너는 무엇을 할 때 가장 즐겁고 신이 나?"

그런데 아이가 하나의 탁월성을 가지고 태어난다는 가드너의 다중지능 이론이 우리나라에서는 변질된 듯하다. 하나의 탁월한 지능을 가지고 있는 아이가 8가지의 부족함을 지닌 아이로 바뀌어버리기 때문이다. 부모는 뛰어난 하나의 특성보다, '상대적으로' 부족한 다른 8가지 특성을 끌어올리려 아이에게 과외를 시키고 학원 수업을 듣게 한다. 하지만 이러면 9가지 지능이 모두 뛰어난 아이가 아니라, 9가지 지능이 모두 고만고만한 아이가 된다. 잘하는 것 대신 잘해야 하는 것만 시키니 그나마 가지고 있던 적성이나 흥미도 희미해진다. 개성이 없는 아이가 되는 것이다.

🌱 아이는 씨앗, 부모는 환경

부모는 아이가 뭘 하든 멀찍이 떨어져 바라보아야 한다는 뜻일까? 반만 맞는 이야기다. 아이가 도움을 요청하면 필요한 것을 채워주고 아이가 하는 것을 지지해주면 된다. 아이에게 무리한 것을 강요하지 말고, 아이의 나이에 맞는 발달단계와 특성을 파악해 아이를 보호하고 성장시키도록 돋움판 역할을 하는 것이다.

쉽게 말하자면, 아이는 씨앗 같은 존재다. 봄에 탐스럽게 열리는 딸기 씨앗, 여름에 가장 푸릇푸릇한 상추 씨앗, 가을의 풀밭을 물들이는 국화 씨앗 등 씨앗의 종류는 다양하다. 그런데 국화가 예쁘다고 상추에게 국화꽃을 피우라고 하거나, 딸기에게 열매를 맺지 말고 꽃을 더 크게 피우라고 말한다면 어떨까? 싱그러운 상추 잎은 쪼그라들고, 달콤한 딸기 열매는 맛볼 수도 없게 될 것이다. 아이들도 마찬가지다. 아이는 자신이 아닌 다른 무엇이 될 수 없다. 그런데 부모의 욕심이나 열등감으로 아이가 할 수 없는 것, 잘 하지 못하는 것을 요구하고 있다.

아이마다 흐르는 시간도 다르다. 이른 봄에 먹을 수 있는 딸기처럼 빠르게 열매 맺는 아이가 있는가 하면, 여름의 태풍을 견뎌내고 가을에 무르익는 사과처럼 천천히 성장하는 아이도 있다.

우리 어린이집에서는 아이들과 텃밭을 가꾼다. 올해 봄에도 인터넷에서 꽃씨를 잔뜩 구매해 아이들과 텃밭에 씨앗을 뿌렸다. 그런데 어찌된 일인지 어느 씨앗은 싹이 나고 잎이 나는데 또 다른 씨앗은 한 달이 지나도 아무런 소식이 없었다. 계속해서 살펴본 결과 환경이 맞지 않아 싹이 나지 않거나 한참 뒤에야 싹이 올라왔다. 이렇듯 같은 날에 심은 씨앗이라고 한날한시에 꽃피우지 않듯 아이들 역시 저마다의 때가 있다.

하지만 부모의 욕심은 각자의 때를 기다리고 있는 씨앗들을 뒤틀리게 한다. 딸기처럼 일찍 피는 아이에게 좀 더 기다려 가을에 더 큰 열매를 맺으라 말하고, 사과 같은 아이에게 너는 왜 빨리 피지 않느냐고 비난하고 재촉한다. 그러나 비교는 더 활짝 필 수 있는 아이를 움츠러들게 할 뿐 아니라 시들어 떨구게도 한다.

우리는 아이를 있는 그대로 존중하고, 아이가 가지고 태어난 고유한 능력이 제때에 꽃필 수 있도록 물과 햇볕과 양분을 주는 역할을 해야 한다. 아이들이 지닌 고유한 능력은 선천적인 특성으로, 결코 부모가 억지로 만들어낼 수 없다. 부모는 그저 후천적인 환경으로, 아이의 특성이 탐스러운 열매를 맺듯 잘 발휘되도록 도와야 한다.

🌱 반항은 자신을 찾아가는 터널

부모가 아이를 자기 마음대로 빚을 수 있다고 믿는 순간, 아이와 부모의 관계는 금이 가기 시작한다.

> K는 중학교 1학년 때까지만 해도 공부도 잘하고 엄마 말도 잘 듣는 착한 아이였다. 그러나 중학교 2학년이 되자 질이 나쁜 친구들과 어울리며 덩달아 나쁜 짓을 하기 시작했다. 내 아들이 맞나 싶을 정도로 변해버린 아이의 모습에 K의 엄마는 "어떻게 해야 할지 모르겠다"라며 눈시울을 붉혔다.

한 라디오 방송에 올라온 사연이다. 이때 방송에 출연한 상담자는, 그동안 보였던 착한 아들의 모습이 아들 스스로의 선택보다는 부모의 선택에 따라 만들어진 결과라고 말했다. 그래서 사춘기의 호르몬 변화와 부모의 강압적인 교육 방식에 불만을 품고 반항 어린 행동을 한 것이다. 그동안 엄마 말만 따랐던 아들이 자기가 원하는 걸 해보고, 그동안 못 했던 나쁜 짓도 해보며 자기 자신을 찾아가는 터널을 지나고 있다는 것이다.

이 아이가 어렸을 때부터 스스로 선택하고, 자주적으로 살 수 있게 부모의 지지를 받았다면 사춘기라 해도 이렇게까지 반항하진 않았을 것이다. 이 아이처럼 어릴 때부터 부모의 뜻대로만 살면, 몸과 마음이 자라서는 더는 부모에게 휘둘리고 싶어 하지 않는다. 이 과정에서 부모와 대립이 생기고, 심한 경우 집을 떠나는 아이도 있다.

정말 아이를 위한다면, 부모는 아이의 앞이 아닌 뒤를 지키며 아이가 가는 길을 보살펴주어야 한다. 아이의 삶을 부모 뜻대로 이끌어가려고 해도, 언젠가 아이가 자라면 자신의 힘과 주관으로 부모에게 저항할 테니 말이다.

❦ 무조건 믿어주기

요컨대 부모는 자신의 아이를 믿어주었으면 좋겠다. 아이가 스스로 드넓은 세상으로 발을 내딛고 나아가는 힘을 기를 수 있도록 지켜보자.

우리 몸의 근육은 한 번 찢어지고 나서야 더 강하고 튼튼하게 성장한다고 한다. 부모이기에 내 아이가 세상의 풍파에 다칠까 봐 염려하는 것은 당연하다. 하지만 경험하지 않으면 성장할 수도 없다. 아이가 다치는 게 무서워서 평생 아이를 업고 다닐 수는 없지 않은가. 아이의 나이에 맞게 자율성과 한계를 주는 것이야말로 자기효능감을 키워주는 방법이다.

  부모는 그저 적정선에서 위험으로부터 자신과 타인을 지키는 방법을 알려주고, 혹여 아이가 넘어졌을 때 속상한 마음에 대해 공감해주고 다시 도전할 수 있도록 격려와 지지, 믿음을 보여주는 것으로 충분하다. 그러면 아이는 안정감을 느끼고 힘입어 순조롭게 자신의 근육을 길러나갈 것이다.

빨리빨리
레스토랑의 비밀

김원훈 글·그림

그림책 《빨리빨리 레스토랑의 비밀》로 느린 아이에게
말 걸기

누구나 하나씩은 재능이 있다는데, 만약 내 아이가
잘하는 것이 하나도 없다면?
아마 내 아이만 뒤처지는 것 같아 조바심이 나고, 걱
정이 될 것이다. 어떤 부모는 없는 재능을 찾아주기
위해 갖가지 수업과 활동으로 아이를 떠밀지도 모른
다. 하지만 아이에게 정말 필요한 것은 지루한 수업
이나 요란한 활동이 아닌, 자신감을 불어넣어 주는

말 한 마디가 아닐까?

《빨리빨리 레스토랑의 비밀》은 자라나는 아이들에게 말 한 마디가 얼마나 큰 영향을 주는지 보여주고 있는 그림책이다. 치타지만 행동이 굼뜬 도도와 다다, 두두는 느리기만 한 자신의 속도 때문에 고민이 많다. 이에 도도와 다다, 두두는 마을에서 가장 빠른 치타 아저씨의 비밀을 알기 위해 치타 아저씨를 관찰한다.

그런데 지켜보다 보니, 치타 아저씨도 도도와 다다, 두두와 마찬가지로 느리게 행동하는 것이었다!

치타 아저씨는 어리둥절해하는 세 아이에게 이렇게 말한다.

"내 비밀은 이 안경이란다. 너희가 봤다시피 나도 느린데, 이 안경만 쓰면 엄청 빨라지지."

그러면서 아저씨는 비슷한 안경을 세 아이에게도 나누어주고는 레스토랑 일을 맡긴다. 처음에는 자신이 해낼 수 있을지 반신반의하던 도도와 다다, 두두는 치타 아저씨의 응원과 안경 덕분에 레스토랑 일을 빠르게 해나간다.

어쩌면 신비한 힘을 지닌 것은 '할 수 있다'는 응원이 아닐까. 우리가 느린 아이를 조급한 시선으로 바라볼 때, 아이는 스스로의 능력을 의심하고, 빠르지 못한 자신을 나무랄 것이다. 그런 아이를 재촉하기보다는 아이가 스스로를 믿을 수 있게 이렇게 말해주면 어떨까.

"남들만큼 빠르지 않아도 괜찮아. 너에게 맞는 속도로 달리면 돼. 흔들리지 말고 너 자신을 믿으렴. 너는 할 수 있어!"

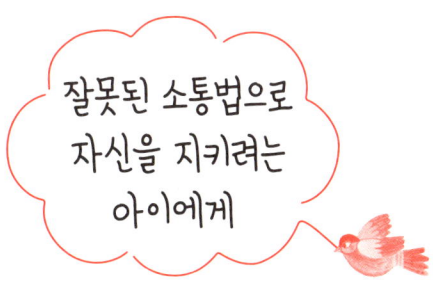

잘못된 소통법으로 자신을 지키려는 아이에게

💬 대부분의 사람은 누구를 해치거나 공격하려는 성향을 타고나지 않는다. 그런데 아이들이 0세를 넘어 2세가 되기 전에 유독 공격성을 드러내며 부모나 교사를 난처하게 만드는 시기가 있다. 그러나 이 시기에 아이들이 보이는 공격은, 남을 해치려는 게 아니라 자기 것을 지키려는 방어 수단이다.

예를 들어, 아이가 놀잇감을 가지고 노는데 친구가 빼앗으려 한다고 가정하자. 이 나이대의 아이들은 아직 언어 발달이 미숙해 자신의 생각이나 감정을 말로 표현하는 데 서투르다. 따라서 본능적으로 공격성을 드러내어 자신의 물건을 지키려고 한다. 이러한 공격성을 '본능적 공격성' 혹은 '도구적 공격성'이라 표현한다.

물론 남을 해치려고 의도적으로 드러내는 '적대적 공격성'도 있다. 상대에게 상처를 주거나 군림하기 위해 상대를 억압하고 해치려고 표출하는 공격성이다. 이는 '본능적 공격성'과는 좀 다르다.

공격성을 보이는 두 가지 이유

아이들이 보통 공격적인 행동을 하는 이유는 두 가지다. 첫 번째는 쉽게 짐작할 수 있다. 화가 났기 때문이다. 친구나 또래 간에 생기는 감정을 언어적으로 대처하거나 처리하는 방법이 미숙해 공격으로 이어지는 경우가 많다.

또 다른 이유는 좀 더 복잡하다. 바로 불안이다. 아이들은 화가 났을 때뿐만 아니라, 긴장하거나 불안한 상황에서 자신을 지키려고 공격적으로 행동하곤 한다. 이런 아이에게 부모나 교사가 비난을 가한다면 더 많은 불안감을 주어 공격성을 부추기는 결과를 낳을 수 있다.

따라서 아이가 공격성을 드러내는 이유가 무엇인지 살펴보는 것이 중요하다. 언어적으로 미숙한 아이가 자신의 것을 지키기 위한 공격성인지, 낯선 상황에서 불안한 아이가 자신의 감정을 지키고 안정을 찾기 위해 보이는 공격성인지를 파악하는 것이다. 공격성의 종류에 따라 아이를 대하는 태도가 달라져야 하기 때문이다.

만약 언어적인 미숙함 때문에 보이는 공격성이라면, 아이들 사이의 의사소통이 원활히 이루어지도록 도우면 된다. 말이 서투른 아이라 해도 자신의 의견이 잘 전달되면 공격성을 보이지 않을 것이기 때문이다. 따라서 공격적으로 행동하는 아이를 가까이에서 지켜보며 다른 아이를 보호하고, 서로 공격이 아닌 대화로 문제를 풀어나가도록 이끈다.

그러나 불안으로 생긴 공격성이라면, 아이에게 안정감을 주는 것이 먼저다. 불안한 아이는 자신의 영역을 넘어오는 침입자에게 선제공격을 하기 때문이다. 자신의 불안과 부정적인 감정을 표출하는 것이다. 이때 공격의 이유를 모르고 아이를 계속해서 질타하면, 아이는 불안에 사로잡혀 더욱 공격적인 태도를 보인다. 이것이 반복되면 결국 '폭력적인 아이'로 낙인찍히고 만다.

따라서 아이가 불안 때문에 공격성을 보인다면, 양육자나 교사가 아이를 안아주거나, 아이의 영역을 위협하는 불안 요소를 잘 다루어 안정을 찾게 한다.

예를 들어, 평소 공격성을 보이는 아이의 장난감을 다른 아이가 뺏으려 한다면 이렇게 중재한다.

"지금 친구가 갖고 노는 중이잖아. 네가 좀 기다려줬으면 좋겠어."

그리고 자신이 갖고 노는 장난감을 빼앗길까 봐 불안한 아이에게는 이렇게 말해주며 안심시킨다.

"괜찮아. 네가 충분히 놀 수 있도록 지켜줄게."

이는 소유의 한계를 명확히 해주어 공격성을 지닌 아이가 불안 때문에 친구를 공격하지 않도록 도와주는 것이다. 또한 남의 장난감을 뺏으려는 아이에게도 나쁜 습관을 바로잡아 줄 수 있다. 이처럼 공격성을 드러내는 아이를 무조건 '폭력적인 아이'로 낙인찍기보다는 공격성의 이유가 어디에 있는지를 살피는 것이 양육자와 교사가 먼저 해야 할 일이다.

❦ 잘못된 소통법

그런데 언어가 발달하는 3~5세가 되었는데도 공격성을 내보이는 경우가 있다. 친구를 괴롭히기 위해 공격하고, 대화로 풀어갈 수 있는 상황도 폭력으로 해결하는 것이다. 바로 앞서 말한 '적대적 공격성'이다. 따라서 이는 더욱 큰 문제로 다루어야 한다.

여러 사람이 모인 사회에서는 항상 문제가 생긴다. 아이들의 사회에서도 마찬가지다. 이때 바람직한 의사소통을 통해 의견을 조율하고 문제를 해결하는 아이가 있는가 하면, 폭력적인 태도로 문제를 해결하는 아이도 있다. 이는 아이의 천성이라기보다는 '학습된 공격성' 때문일 가능성이 높다.

아이의 가정에서 갈등이나 문제가 일어났을 때 체벌이나 폭력으로 해결했다면, 아이는 이를 통해 '폭력'과 '공격'이 문제를 해결하는 방법이라 생각한다. 그래서 이렇게 익힌 폭력성을 또래 친구들 사이의 문제에서도 그대로 적용한다.

이런 아이는 힘으로 또래를 휘두르는 듯 보이지만 자존감이 굉장히 낮을 수 있다. 폭력으로 굴복당한 경험이 많고, 그로 인한 수치심으로 자신의 가치에 대해 혼란을 느낄 수 있다. 제대로 된 소통을 시도해도 번번이 좌절되었던 경험은 곧 부모뿐 아니라 자신과 마주한 상대에 대한 불신으로 이어진다. 그렇기에 대화가 아닌, 자신에게 그나마 익숙한 폭력이라는 수단으로 문제를 해결하려는 것이다.

또한 내면에 늘 불안을 안고 있다. 양육자에 대한 불신 때문이다. 이렇게 항상 불안한 감정을 느끼는 아이의 경우, '감정의 뇌'라고 불리는 변연계가 활성화되어 있다. 변연계가 활성화되어 있으면 '사고의 뇌'인 전두엽이 활성화되지 못한다. 감정을 소화하기 바빠 이성을 발휘할 여유가 없는 것이다. 이 때문에 학습 능력은 물론 친구 관계에도 문제가 생길 수 있다. 따라서 아이의 의견을 충분히 듣고 공감하는 태도로 바람직한 의사소통의 방법과 문제 해결 능력을 알려줄 필요가 있다.

❦ 폭력은 안 돼

그런데도 아이가 계속해서 폭력을 쓴다면, 이때는 단호하게 "안 돼!"라고 이야기해야 한다. 만약 아이가 양육자나 교사의 엄한 태도에 공격적인 행동을 멈춘다면, 자신의 욕구를 미루거나 감정을 절제하는 방법을 배울 수 있도록 긍정적인 대안을 준다.

"물건을 던지면 안 돼. 친구가 장난감을 가지고 놀고 있을 때는 네가 잠시 기다려주는 거야. 기다려주겠니?"

영유아기 시절에 나타나는 '본능적 공격성'이 아닌, 학습되어 성장 과정에서 계속해서 나타나는 '적대적 공격성'은 성인이 되어서도 악화되어 발현할 수 있기에 더욱 위험하다. 따라서 상담이나 지도를 통해 이 공격성을 멈출 수 있게 도와주어야 한다. 지나친 흥분이나 분노로 이성적으로 행동하지 못할 때에는 양육자나 교사가 옆에서 잘 중재하고 지도해준다. 또한 갈등 상황을 합리적으로 풀어나갈 수 있게 논리적인 의사소통 기술을 가르친다.

무엇보다 중요한 것은 아이들에게 좋은 본보기를 보여주는 것이다. TV와 영화, 만화 등 다양한 매체에서 폭력이 등장한다. 심지어 국회에서 정치인들이 폭력을 통해 문제를 다루는 미성숙한 모습이 고스란히 뉴스에 나오기도 한다. 이는 아이들에게 폭력을 가르치는 것이나 마찬가지다.

우리 어른들이 앞장서 아이들에게 문제를 해결할 수 있는 올바른 소통 방식을 가르쳐야 한다. 결코 폭력을 용납해서는 안 된다.

상자 속 친구

이자벨라 팔리아 글
파올로 프로이에티 그림

그림책 《상자 속 친구》로 숨어버린 아이에게 말 걸기

'공격은 최고의 방어'라는 말이 있다. 또래 친구를 낯선 태도로 대하는 아이를 보면 왠지 이 말이 자꾸 생각난다. 흔히 공격성을 보이는 아이를 성격이 나쁜 아이로 보곤 하지만, 아마도 그건 강해서가 아니라 약해서 남을 향해 가시를 세우는 것일지도 모른다.

《상자 속 친구》에는 어떤 이유에서인지 상자 속에 숨어 다가오는 이들을 날카롭게 밀어내는 친구가 나온

다. 숲속 동물들의 다정하고 친근한 말에도 상자 속 친구는 거칠게 외친다.

"싫어어어어어어!"

동물 친구들은 강한 거부에도 굴하지 않는다. 서커스도 열어보고, 음식도 준비해 상자 속 친구가 상자 밖으로 나오도록 노력한다.

하지만 굳게 닫힌 상자는 도무지 열릴 기미가 보이지 않는다. 어떻게 해야 친구의 마음을 활짝 열 수 있을까?

이 그림책은 마음을 닫고 친구들에게 공격적으로 반응하는 아이에게 어떻게 다가가야 하는지 보여준다. 동물 친구들은 상자를 열고 억지로 친구를 밖으로 끌어내는 대신, 친구가 바깥세상을 재미있고 편한 곳으로 느낄 수 있도록 노력한다.

지금 마음의 상자 속에 숨어 항상 날을 세우고 있는 아이가 있다면, 동물 친구들처럼 가만가만 이렇게 속삭여주면 어떨까.

"네가 언제든 나오고 싶을 때 나와. 기다릴게."

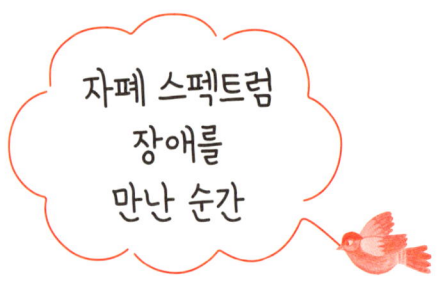

자폐 스펙트럼 장애를 만난 순간

💬 최근 자폐 스펙트럼 장애 환자의 수가 10년 전보다 2~3배 늘었다. 이를 일으키는 요인으로 크게 세 가지 주장이 있다. 첫 번째는, 결혼과 출산 연령이 높아졌기 때문이라는 의견이다. 두 번째는, 환경이 오염되어 환경호르몬과 같은 유해물질이 몸에 침투하면서 자폐 스펙트럼 장애를 일으킨다는 것이다. 마지막으로, 국내 시스템의 발전으로 자폐 스펙트럼 장애를 조기에 더 많이 발견했기 때문이라고 보기도 한다.

그러나 이런 발전에도 불구하고, 아이의 발달상 문제는 아직까지 바로 발견되지 못하는 경우가 많다. 처음부터 자신의 아이가 발달이 느릴 것이라 여기는 부모는 없기 때문이다. 그렇기에 아이들의 발달 지연과 자폐 스펙트럼 장애는 종종 부모에게마저 무시당하곤 한다. 따라서 아이의 발달 지연이 의심된다면, 조기에 진단해서 치료해야 아이의 발달에 결정적인 역할을 할 수 있다.

이러한 진단은 심리센터나 발달센터보다는 대학병원의 부설 발달센터를 찾아가보는 것이 가장 좋다. 임상심리사가 여러 가지 검사 도구로 지능, 동작성, 언어 등을 평가해 아이가 단순히 발달 속도가 늦은 것인지, 자폐 스펙트럼과 같은 장애를 앓고 있는지 구분할 수 있다. 발달 지연과 자폐 스펙트럼은 겉보기에는 비슷해도 치료 방식과 예후가 완전히 다르다. 따라서 조기에 이를 정확히 진단하고 구분하는 것이 매우 중요하다.

발달 지연과 자폐 스펙트럼의 차이

아이에게 특별히 문제가 없더라도 생후 1년쯤 되었을 때 발달 평가를 받아보면 좋다. 시기적으로 너무 이르다고 생각할 수 있겠지만, 우리나라에 아이의 발달을 평가하고 진단하는 병원이 많지 않음을 고려해야 한다. 대기가 보통 2~3년씩 걸린다고 하니, 아이에게 이상 징후가 나타났을 때 병원을 예약하고 검사를 받아보려 하면 늦는다. 또한 비전문가가 지능, 동작성, 사회성 등 아이의 종합적인 발달 상태를 파악하기는 어렵다. 그렇기에 되도록 빨리 전문가에게 검사를 받아 아이의 발달 상태를 파악하고 대처할 수 있도록 한다.

어린이집에 다니던 L은 0세까지만 해도 아무 문제가 없었다. 이름을 불렀을 때 돌아보거나 눈을 마주치는 호명 반응도 나타났고, 친구나 교사와도 상호작용이 있었다. 또한 교사의 지시에 따르는 등 수용 언어 능력도 있어 보였다.

그런데 1세가 되자, 아이는 마치 유리병에 갇힌 것처럼 반응을 보이지 않기 시작했다. 전에는 "엄마", "아빠" 정도는 부를 수 있었는데, 이젠 원래 할 수 있던 말도 하지 못했다. 2세가 될 때까지도 말이 트이지 않던 L은 결국 또래 친구를 심하게 공격하고 말았다. 이때부터 L은 치료를 받기 시작했지만, 결국 어린이집을 졸업할 때까지도 발달이 또래를 따라가지 못했다.

L의 사례가 보여주듯, 발달 장애의 진단 시기는 아이의 인지나 사회성 발달, 그리고 삶의 행복에 결정적 영향을 미친다.

그렇다면 발달 지연과 자폐 스펙트럼은 어떤 차이가 있기에 조기 진단이 이토록 결정적인 역할을 하는 것일까?

발달 지연은 표준 범주에 있는 아이보다 짧게는 6개월, 길게는 12개월 정도의 시간차를 두고 발달하는 것을 의미한다. 그렇기에 표준적인 발달 과정을 그래프로 그렸을 때, 발달이 빠른 아이와 느린 아이는 위치의 차이만 있을 뿐 모두 같은 선상에 있다.

그러나 자폐 스펙트럼인 경우의 발달 과정은 완전히 다른 선을 그린다. 요컨대 완전히 다른 문제라는 것이다. 발달 지연인 아이는 발달이 느릴지언정 상호작용을 하고 자신의 이름을 부르면 반응을 보이며, 사회성도 발달된다. 그러나 자폐 스펙트럼에 속한 아이는 이름을 불러도 반응하지 않으며, 상호작용도 없다. 눈을 마주치지도 못한다. 무엇보다도 수용 언어와 표현 언어가 발달하지 않아 제대로 된 대화를 하지 못한다.

발달 지연과 자폐 스펙트럼을 구분할 수 있는 결정적 힌트가 바로 여기에 있다. 발달 지연인 아이는 늦게나마 언어 발달이 이루어진다. 보통 발달이 지연되어도 15개월 전후에 한 단어를 뱉곤 한다. 그러나 24개월이 되었는데도 말을 제대로 하지 못한다면 병원에 꼭 가보아야 한다. 15개월까지는 괜찮지만, 두 돌이 지나도록 언어뿐만 아니라 상호작용이나 눈 마주침, 호명 반응이 없다면 자폐 스펙트럼일 가능성이 높기 때문이다. 또한 두 돌이 지나 갑자기 이 네 가지 요소 중 하나라도 문제가 생길 경우에도 역시 검사를 받아본다.

자폐 스펙트럼에 속하는 아이는 또래와 어울리지 않는다. 자신이 유독 관심 있는 놀잇감만 반복하여 가지고 논다. 그림책이 여러 권 있어도 한 권의 책만 반복해서 보거나, 많은 블록 가운데 특정 색깔에만 집착한다. 또한 감정이나 정서에 따른 표정 변화가 거의 없거나, 다른 사람의 행동을 모방하는 것을 잘하지 못해 사회성 발달에 가장 큰 어려움을 겪는다.

이처럼 자폐 스펙트럼의 특징에는 여러 가지가 있지만, 자폐 스펙트럼에 속하는 아이라고 해서 모두가 처음부터 발달에 문제를 겪는 것은 아니다. 자폐 스펙트럼인 아이 10명 중 2~3명 정도는 1~2세까지 정상적인 속도로 발달하다가 한순간에 퇴행한다. 따라서 이 시기까지는 주의 깊게 아이를 지켜볼 필요가 있다. 자폐 스펙트럼의 정확한 원인은 아직까지 밝혀지지 않았다. 이 때문에 분명한 해결책도 아직은 없기에, 조기에 발견해 치료하는 것이 무엇보다 중요하다.

🌱 빨리 진단받고 집중해서 치료하기

1세 때 우리 어린이집에 들어온 아이가 있었다. 20개월쯤 들어왔는데, 발달에 이상이 보였다. 곧바로 진행한 발달 평가 결과 자폐 스펙트럼이라는 진단이 나왔고, 그 이후 6개월 동안 하루 6시간씩 집중적인 치료를 받았다. 덕분에 자폐 스펙트럼을 겪는 아이들에게서 보이는 여러 증상이 비교적 가볍게 나타났다.

또한 어린이집에서도 이 아이에게 문제가 있다고 해서 특별히 아이를 분리시키지 않았다. 다른 아이들과 같이 어울리게 하되, 아이가 알아듣지 못할 경우 여러 번 반복해서 말해주어 더 많은 자극을 주었다. 이와 함께 추가적인 집중 치료를 통해 아이는 말을 듣고 이해하는 수용 언어 능력을 갖추기 시작했다. 자신의 감정과 생각을 표현할 수 있을 정도로 증세가 나아졌다.

5년간 함께했던 아이는 이제 학교에 간다. 부모는 걱정이 많지만 어린이집에서 차별 없이 생활해서 자존감이 높고, 친구와도 곧잘 노는 아이로 성장했기에 새로운 환경에서도 잘 이겨내리라 기대한다.

이처럼 빠른 진단과 집중적인 치료는 최대치의 결과를 이끌어 낼 수 있다. 막연하게 말이 조금 늦는 것이라 생각하기보다는 곧바로 검사를 받고 치료를 시작해야 한다. 치료를 통해 발달상의 차이를 줄일 수 있기 때문이다. 이렇게 하면 설령 발달상의 문제를 지니고 있더라도 사회에 소속되어 살아가는 데 그 간격을 줄일 수 있다.

혹시나 우리 아이에게 뭔가 문제가 있는 게 부끄러워 검사와 치료를 주저하고 있다면, 순간의 선택으로 아이의 삶이 결정된다는 것을 반드시 기억하자. 부모라면 적극적으로 아이의 삶을 위해 노력해야 한다.

부모와 보육기관이 한마음으로

보육기관 역시 함께 노력해야 한다. 육아 경험이 적은 부모는 발달 지연과 자폐 스펙트럼을 구분하기 어렵다. 반면 다양한 아이들을 만나온 원장이나 교사는 구분이 좀 더 쉬울 수 있어서, 아이들을 주의 깊게 관찰해 도움이 필요한 아이는 치료받을 수 있게 해준다.

자신의 아이에게 문제가 있다는 것을 쉽게 받아들이는 부모는 없다. 아이의 문제를 부정하며 치료를 미루는 부모도 있을 것이다. 이런 부모와 갈등이 일어나더라도, 원장과 교사는 아이를 위해 끝까지 책임감을 가지고 적극적으로 나서야 한다.

물론 이렇게 치료를 받는다고 해도 아직 자폐 스펙트럼의 완치는 어렵다. 부모는 자신의 아이가 치료를 받아도, 다른 아이들과 완전히 같아질 수는 없다는 사실을 받아들여야 한다. 그러나 조기에 아이의 증세를 진단받고 치료에 돌입하는 것으로 완치에 최

대한 가까워질 수는 있다.

　그러니 도움이 필요한 아이를 외면하거나 부정해서는 안 된다. 노력하는 만큼 아이가 좋아질 수 있다는 기대를 품고, 섣불리 아이의 인생을 포기하지 않았으면 한다. 이것만은 부모와 보육기관이 한마음이 되어야 할 것이다.

나, 여기 있어

피터 H.
레이놀즈 글·그림

그림책 《나, 여기 있어》로 장애 아이에게 말 걸기

《나, 여기 있어》는 아이들과 어울리지 못하고 혼자만의 시간을 보내는 자폐 스펙트럼 장애 아동이 주인공이다. 아이는 홀로 떨어져 무리 지은 아이들을 보며 자신은 여기 있는데, 아이들은 저기에 있다고 혼잣말을 한다.

아이들에게 다가가고 싶지만 그럴 수 없는 주인공은 종이비행기를 날리며 그 위에 올라타 외치는 상상을 한다.

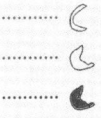
"나, 여기 있어!"

자폐 스펙트럼 장애를 앓는 아이들은 혼자만의 세상에 갇힌 것처럼 사람들과 소통하고 교류하는 것을 어려워한다. 이 그림책의 주인공 역시 아이들에게 다가가기 어려운 탓에, 자신이 여기 있다는 것을 알리고 싶어 하면서도 그러지 못한다.

종이비행기를 날리며 아이들과 어울리는 상상을 하던 주인공을 깨운 것은 여자아이의 한 마디 말이었다.

"너, 여기 있었구나."

자폐 스펙트럼 장애를 앓는 아이는 또래 사회에서 무시당하기 쉽다. 말이나 표정에 반응하지 못하는 장애의 특성상 사람들과 어울릴 사회적 능력이 거의 없기 때문이다. 하지만 그렇다고 자폐 스펙트럼 장애 아동이 외로움을 느끼지 않는 것은 아닐 것이다.

종이비행기로 외로움을 달래던 주인공에게 다가간 여자아이처럼, 우리도 외로운 아이에게 다가가 이렇게 말을 걸어보자.

"안녕? 여기 있었구나. 너는 몰랐겠지만, 항상 너를 지켜보고 있었어. 괜찮다면, 나와 같이 놀래?"

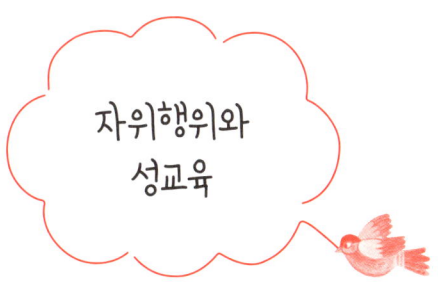

자위행위와 성교육

💬 아이를 키우면서 가장 당혹스러운 때는 아마 '성'이 화두로 떠오르는 순간이 아닐까 싶다.

'아기는 어떻게 생기냐'는 물음 정도면 귀엽게 넘길 수 있다. 그러나 만약 내 아이가 자위를 하는 모습을 마주한다면 어떨까? 생각만 해도 아찔할 것이다.

우리 어린이집에도 이런 문제를 겪는 아이가 여럿 있었다. 한 아이는 원래 부모와 같이 잠을 잤는데, 이사를 가서 자기 방이 생기고 독립 수면을 하면서 문제가 시작되었다. 4세밖에 안 된 아이가 아침마다 자위행위를 한 것이다. 한두 달이 지나도 횟수가 줄어들기는커녕 점점 더 잦아졌다. 고민을 토로하는 아이의 엄마에게 나는 이렇게 조언해주었다.

"아이 방에서 아이가 잠들 때까지 충분히 함께 있어주세요. 아침에도 마찬가지예요. 아이가 일어나기 전에 등을 토닥여주거나 쓰다듬어주세요. 아이가 원하면 언제든 부모님 방에 와서 자도 된다고 이야기해주시고요."

엄마는 그대로 따랐다. 아이에게 스킨십을 해주고, 잠자기 전 한 침대에서 그날 있었던 일을 도란도란 이야기하며 아이를 재웠다. 그랬더니 놀랍게도 며칠 사이에 아이가 자위를 멈추었다.

이 아이의 경우는 집에서도 다소 차별을 받고 있었다. 부모가 두 살 터울의 남동생에게 관심과 사랑을 많이 주었기 때문이다. 반면 첫째 아이에게는 지시적이고 통제적인 태도를 많이 보였다. 이로 인해 아이는 박탈감과 불안을 느꼈고, 부모와 떨어져 자면서 극대화되었다. 이에 자신의 몸을 통해 조절하려 했던 것이다.

몸을 탐색하는 것은 자연스러운 과정

이처럼 아이가 자위행위를 하는 이유는 어른들이 생각하는 것과는 다르다. 그런데도 어른의 관점에서 아이의 행위를 성적인 문제로 확대 해석해 문제시하고 부끄러워한다. 그리고 그러한 행동을 하지 못하게 혼냄으로써 아이에게 수치심을 안겨준다.

아이가 자신의 몸을 탐색하는 것은 일반적이고 자연스러운 현상이다.

한 유명 성교육 강사의 말에 따르면, 아이가 엄마의 자궁 안에서도 자위를 하는 장면이 포착되었다고 한다. 또한 태어나서 2개월부터 36개월까지의 아이가 순간적으로 자위행위를 하는 모습이 나타나고, 교육 현장에서도 이러한 행위를 몸을 탐색하는 하나의 과정으로 여긴다. 마치 구강기에 있는 어린아이가 자신의 손가락이나 발가락을 빠는 것과 같다.

특히 아이들은 촉각에 무척 민감해서 자신의 몸 구석구석을 탐색한다. 그중 성기를 만지작거리거나 그 주변을 자극하며 즐거움을 느끼거나 안정을 얻는 경향이 있다. 이처럼 아이들이 성적인 놀이를 하는 것을 '세니탈 플레이'라고 일컫는다. 대부분 2세 전후에 자기 몸을 탐색하는 행동이 자주 발견된다.

영아의 자위행위는 지칭하는 용어가 따로 있을 정도로 보편적이고 일반적이며 자연스럽게 사라진다. 어른들의 관점에서는 자위행위가 아주 개인적인 것이고, 남들 보기에 수치스러운 일이지만 아이들에게는 전혀 창피한 일이 아니다.

🌱 근본적인 원인 찾기

본래 자위(自慰)란 '자신을 스스로 위로'하는 행위라는 뜻이다. 즉, 불안과 같은 부정적인 감정을 느꼈을 때 스스로를 위로하기 위한 행위이다. 불안할 때 손톱을 깨무는 사람이 있는가 하면, 발을 떠는 사람도 있다. 이처럼 모든 사람은 불안을 마주했을 때 무의식적으로 안정을 찾기 위해 어떠한 행동을 한다. 아이의 자위행위도 그런 의도이기에 행위 자체는 문제가 안 된다.

그런데 일반적인 정도를 넘어 아이가 너무 자주, 오래 행위에 몰두하는 것은 문제가 된다. 더구나 아이는 자위행위의 의미를 잘 모르기 때문에 아무 때나, 아무 데서나 할 수 있다.

하지만 이러한 문제를 고치기 위해 심하게 야단치거나 제지하는 것은 오히려 불안을 높여 행위를 더 강화시킨다. 그래서 대부분의 경우에는 야단치는 대신 다른 활동으로 유도하라고 권하지만, 이 역시 근본적인 해결법은 아니다.

그렇다면 어떻게 해야 아이의 과도한 자위행위를 멈추게 할 수 있을까? 앞서 말했듯, 아이의 자위행위는 불안할 때 안정을 찾고자 이루어지는 경우가 많다. 따라서 아이의 자위행위의 정도가 심해지거나 횟수가 많아졌다면, 아이의 불안을 높인 근본적 원인을 찾을 필요가 있다.

M의 엄마는 2개월 전 육아휴직을 끝내고 복직했다. M은 육아휴직 기간에 엄마랑 많은 시간을 보냈지만 이제 이른 아침 어린이집에 와 저녁 7~8시가 되어서야 엄마를 만날 수 있었다. 불안을 느낀 M은 어느 날부터 자위행위를 하기 시작했다. 그 정도가 심해져 횟수도 늘어났고, 급기야 야외 활동에서도 하기 시작했다.

이 경우 그때그때 아이의 행동을 다른 활동으로 유도할 수는 있지만, 근본적인 원인을 해결하지 않으면 아이의 행동은 쉽게 멈추지 않을 것이다. M의 자위행위가 늘어난 근본적 이유는 엄마의 돌봄이 필요한 시기에 장시간 분리되어 충분한 애정을 받지 못하는 데에 있었다. 이 때문에 느끼는 불안을 해소하기 위해 몸을 탐색하는 것은 자연스러운 일이지만, 이 행위에 익숙해지는 것은 문제가 된다. 다른 놀이에 집중하지 못하고 자신의 몸에만 몰두하기 때문이다. 이러한 문제를 해결하려면 엄마와의 소통과 관계, 애착을 바로잡아야 했다.

아이의 자위행위는 곧 자신의 불편함과 스트레스를 호소하는 하나의 수단과도 같다. 양육자나 교사가 이를 알아차리지 못하거나 방치한다면 퇴행이나 공격성 표출 등 또 다른 문제 행동으로 이어진다. 따라서 아이의 행동을 일으키는 원인을 잘 살피고 해결하는 것이 무엇보다도 중요하다.

🌱 부모가 해주는 성교육이 가장 효과적

이미 아이가 자위행위를 시작한 지 오래되었거나, 아이를 안정시키는 조치를 취할 수 없는 상황이라면 아이의 행동을 바로잡기 쉽지 않을 것이다. 우리 어린이집에 다니던 N 역시 졸업할 때까지도 자위행위를 계속하던 아이였다. 이때는 자위행위를 대신할 수 있는 다른 행위로 전이시키는 것이 좋다.

"불안할 때마다 이런 행동을 하는구나. 그렇지만 거기는 소중한 곳이니까, 대신 손등을 이렇게 톡톡 쳐보는 건 어떨까? 원장님도 불안할 때는 이렇게 손등을 만진단다. 따라 해볼래?"

그 뒤로도 생각날 때마다 손등을 만지는 것을 보여주며 아이가 불안해할 때 하는 행동으로 서서히 바꾸어주었다. 아이의 부모 역시 많은 관심과 노력을 쏟아주었다. 그 결과 초등학생이 된 지금은 더는 자위행위를 하지 않게 되었다. 기본적으로 아이의 불안이 잦아들면 자연스레 줄어들기 때문이다.

그러나 아이가 조금 더 커 성적 호기심이나 호르몬의 변화로 자위행위를 시작한다면, 이때는 다르게 접근해야 한다. 되도록 아이들의 호기심과 궁금증이 잘 해결되면 좋겠지만, 안타깝게도 우리 사회는 아이들이 자연스럽고 건전하게 성을 배울 수 있는 환경이 아니다. SNS나 여러 매체, 인터넷 등에는 성을 왜곡하고 과장하는 콘텐츠가 가득하다. 이처럼 불건전한 매체를 멀리하도록 부모가 나설 필요가 있다. 무엇보다 부모가 올바른 성에 대해 가르쳐주어야 한다. 고도로 정보화된 사회에서 아이들이 보는 콘텐츠를 일일이 통제하기란 불가능하기 때문이다.

물론 성에 대해 폐쇄적인 우리 사회의 분위기상, 아이들과 자유롭게 이야기하는 게 부끄럽고 불편할 수도 있을 것이다. 그러나 성교육은 교사보다 부모가 하는 것이 가장 효과가 좋다는 견해가 많다. 부모의 권위는 생각보다 강하고, 아이들은 어릴 때일수록 부모의 말이 옳다고 생각한다. 이때 부모가 올바른 성 가치관을 심어주면 아이의 성 관념은 비교적 쉽게 바로잡힐 수 있다. 그리고 나중에 왜곡된 콘텐츠에 노출되더라도 이미 바른 기준이 서 있으므로 영향을 덜 받는다.

부모가 부끄럽다는 이유로 성교육을 미룬다면, 아이는 자극적인 매체나 또래 친구들이 왜곡해서 전하는 성을 사실이라 믿을 것이다. 이런 왜곡된 성 관념은 아이뿐 아니라 주변 사람, 심지어 부모까지도 해칠 수 있다.

물론 가정마다 성에 대한 가치관이 조금씩 다르고, 부부끼리도 다를 수 있다. 아이에게 성교육을 하기 전, 부부가 먼저 어느 선까지 이야기할지를 합의하면 좋다.

정리하자면, 아이의 자위행동은 나이에 따라, 처한 환경에 따라 각자 다른 이유로 일어난다. 따라서 아이의 자위행동으로 고민하고 있다면, 우선 아이의 상태와 환경을 잘 살펴보고 그에 맞게 대처하면 된다. 부모가 들여다보고 풀어야 할 진짜 문제는 자위행위 자체가 아니라, 아이의 마음이기 때문이다.

소중해 소중해 나도 너도

엔미 사키코 글
가와하라 미즈마루 그림

 그림책 《소중해 소중해 나도 너도》로 성교육이 필요한 아이에게 말 걸기

성교육이 중요하다는 것은 알지만, 막상 아이를 앞에 앉혀두고 성에 관한 이야기를 하려니 마음에 걸리는 게 많다. 알고 있는 것을 전부 알려주자니 어린 아이에게 너무 적나라할까 봐 걱정된다. 그렇다고 빙빙 돌려 말해주면 성교육을 하는 의미가 없을 것 같다. 게다가 아이들의 허를 찌르는 질문에는 또 어떻게 답해주어야 할까?

《소중해 소중해 나도 너도》는 이런 고민을 끝내줄 어린이 맞춤 성교육 내용을 담고 있다. 친근한 어투와 귀여운 그림체로 아이들이 재미있게 읽을 수 있다. '음순', '음경' 등 신체에 관련된 명칭을 표기해 아이들이 자신의 몸에 대한 언어를 정확히 익히도록 도와준다.

또한 자위행위에 대한 규칙을 알기 쉽게 전하고, 혹여나 성범죄에 노출되지 않도록 아이가 조심해야 할 상황을 알려준다.

만약 아이에게 성교육을 해주고 싶어도 부끄러워서 계속 미루어왔다면, 이 그림책으로 시작하자. 함께 한 글자 한 글자 읽어나가다 보면, 자연스럽게 아이에게 몸의 소중함을 알려줄 수 있을 것이다.

"너도, 친구도 이 세상에 태어난 것만으로도 정말 대단하고 소중해. 그러니까 네 몸도, 친구 몸도 소중하게 잘 지켜줘야 해. 알겠지?"

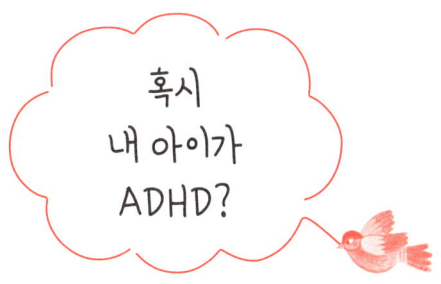

혹시
내 아이가
ADHD?

😶 ADHD(주의력결핍 과잉행동 장애)라는 주제를 마주하며 떠오르는 사람이 있다. 바로 O와 엄마다. O는 1년 전 졸업한 아이인데, 4세에 어린이집으로 옮겨 왔다. 엄마가 맞벌이를 해서 O는 일찍부터 어린이집에 다녔다. 특별한 문제는 없었지만 가끔 또래에게 공격성을 보이거나, 자신의 마음에 들지 않을 땐 꿈쩍도 하지 않아 교사를 애먹이기도 했다.

하지만 말이 통하는 아이였기에 이해가 가도록 설명하고 기다려주면 얼마든지 고칠 수 있을 것 같았다. 이에 교사에게 아이의 감정과 욕구가 무엇인지 잘 관찰해 최대한 아이의 감정을 존중하며 기다려주되 한계는 정해주라고 조언했다.

그렇게 O는 어린이집을 졸업했는데, 초등학교에 들어가고 얼마 지나지 않아 엄마에게서 전화가 왔다. 내용은 이랬다.

"학교에서 선생님이 부르시더니, 아이가 ADHD인 것 같다며 병원을 권하셨어요. 동네 가정의학과에 가서 검사를 받는데, 아이가 집중하지 못하고 문제 행동을 했어요. 그러니까 의사가 검사를 다 마치지도 않은 상태에서 ADHD인 것 같다고 처방전을 써주더군요. 그게 너무 화가 나고 슬프더라고요."

엄마는 아이를 집에 먼저 들여보낸 뒤 차 안에서 전화하는 거라며 울먹였다.

어이가 없고 화가 났다. 정신과 전문의도 아닌 동네 가정의학과에서 감기약 처방하듯 진단하고 처방전을 써주다니 믿을 수 없었다. 조금만 예민해 보이고 상황에 대한 적응이 느린 아이를 보면 누구나 쉽게 떠올리고 가져다 붙이는 ADHD.

나는 O의 엄마에게 이렇게 말해주었다.

"그동안 아이와 함께한 저의 소견으론 ADHD라기보다 불안할 때 자기를 보호하기 위한 방법이에요. 조금만 기다리고 다독여주면 괜찮아질 거예요. 눈치가 빠른 아이라 엄마의 표정이나 상황으로 벌써 주눅 들어 있을 거예요. 아이에게 가서 '네 잘못이 아니야'라고 말해주고 함께 있어주세요."

그 후 엄마가 소식을 전해왔다. 아이는 약을 먹지 않았고, 엄마와 충분한 애착의 시간을 가졌다고 한다. 그러자 아이의 문제는 사라지고 학교에 적응도 잘하고 있다는 것이다.

ADHD는 문제아일까?

이렇듯 유아기가 되면서 호기심이 많은 것을 산만하다 하고, 즉흥적이고 자유로운 것을 주의집중이 안 되거나 과잉행동으로 여긴다. 전문가든 아니든 너무 쉽게 ADHD라고 진단을 내리는 것이다. 그리고 신중하게 결정해야 할 약물을 너무 쉽게 처방해 원인은 뒤로한 채 일단 차분한 아이로 만든다.

그러나 어른과 달리 아이의 특징이 무엇인가? 즉흥적이고 감정적이며 충동적이고 끊임없이 움직이는 것이다. 그렇게 세상을 탐색하고 배우며 자기를 만들어가는 것이다. 이런 아이들을 건물과 교실 안에 하루 종일 머무르게 하고 얌전하길 바라는 우리 사회가 진짜 문제가 아닐까. 원인은 뒤로한 채 약 한 알로 너무 쉽게 해결하려 하면서 말이다.

아이의 행동에 꼬리표를 다는 약을 주는 대신 아이의 상황에 따라 초기에 도움을 줄 수 있도록 원인과 방법을 찾는 것이 먼저다. 그에 맞춰 아이와 부모를 지원하는 장기적인 플랜이 필요하다.

앞에서 언급한 O의 엄마는 초등학교에 다니는 아이를 위해 육아휴직을 어렵게 신청했다. 그동안 충분히 돌보지 못한 아이와 함께 많은 추억을 만들며 애정을 쌓아가자, 입학 초기의 불안은 사라지고 안정이 되었다.

소아과 의사 피터 브레긴은 ADHD의 정의를 정서적 욕구가 충족되지 않으면 나타나는 증상으로 설명했다. 미국국립보건원 연구보고서에는 동물에게 ADHD 약물을 투여했을 때 호기심을 잃었고, 더 이상 놀지 않았으며 다른 동물과 어울리거나 우리를 탈출하려 하지 않았다고 한다.

얼마 전 다른 어린이집에서 옮겨 온 아이가 있다. 이전의 어린이집에서 아이가 문제가 있으니 상담을 권유했고, 상담 과정에서 어린이집을 옮겨보라는 제안을 받았다고 했다. 아이는 우리 어린이집에 처음 왔는데도 수줍음이 없었고, 적응력이 좋아 보였다. 딱히 신입생이라고 생각되지 않을 만큼 매일 아침 즐겁게 등원해 아이들과 잘 지내고 있다.

왜 이런 일이 벌어진 걸까? 나는 이 모든 문제가 아이가 아닌 관점의 차이와 환경의 문제로 본다. 예를 들어, 아이의 활발한 호기심과 성격이 어린이집이 추구하는 교육관에 따라 달리 평가되는 것이다. 어떤 어린이집은 초등학교 준비 과정으로 학습을 강조하는 곳이 있는가 하면, 어떤 어린이집은 유년기 시절에는 놀이를 통해 발달한다는 철학으로 운영하는 곳이 있다. 이런 어린이집의 분위기에 따라 어느 환경에서는 문제아가 되고 어느 곳에서는 지극히 정상적인 아이로 존중받는 것이다.

아이의 기질과 성격이 제도권에 갇히지 않고 자유롭게 인정받는다면, 많은 아이들이 ADHD라는 오해에서 벗어날 수 있을 것이다. 일부 아이들은 어찌 보면 환경의 문제지 처음부터 아이의 문제라고 말할 수 없기 때문이다. 그러나 아쉽게도 우리 사회는 환경의 개선을 추구하기보다 아이를 오해하고 낙인찍어 약으로 간단히 해결하려 한다. 멀쩡한 아이들이 하나의 독특한 인격체가 아닌 진단명으로 취급받고 있는 것이다.

버퍼링이 느린 아이

과거에는 ADHD가 정신 장애로 분류되지 않았다. 내 어릴 적만 해도 ADHD라는 증상을 일상에서 들어보지 못했다. 원인이 어디 있을까 나름대로 생각해보니, 과거에는 학교가 아닌 마을 골목이나 산과 들에서 해가 지도록 놀았고, 학교에서도 바깥활동을 많이 했기 때문이다. 요즘처럼 태어나면서부터 건물 안에서 거의 모든 생활을 하지는 않았기에 설령 ADHD라 하더라도 발견되는 일이 적었을 것이다.

30년 전부터 보육기관이 생기고 영아기부터 기관에 아이들이 맡겨지면서 자폐 스펙트럼과 ADHD가 우리의 일상에 익숙하게 들어왔다. 아이가 조금만 산만해도 ADHD 아니냐며 특별할 것도 없다는 식으로 바라보았다. 그러나 부모와 애착의 시간을 가지고 과거처럼 기관보다는 자유로운 환경에서 영유아기를 보냈다면, 요즘처럼 많은 아이가 ADHD 진단을 받지는 않았을 것이다.

현대사회로 들어오면서 정신의학의 발달과 뇌에 관한 연구를 통해 ADHD를 일으키는 요인이 밝혀졌다. 선천적인 경우와 뇌가 발달하는 과정에서 신경세포와 신경세포를 연결하는 시냅스에 문제가 있기 때문이라는 것이다.

선천적인 경우는, 부모가 ADHD이면 자녀가 ADHD인 경우가 많다고 한다. 물론 확률적으로 그렇다는 것이지, 부모가 ADHD라고 자녀에게 반드시 유전된다는 것은 아니다.

뇌의 문제인 경우는, 흔히 '주의력부족'을 ADHD 증상 중 하나로 보는데, 이것이 개인의 성격이나 의지의 문제가 아닌 뇌의 문제라는 것이다. 일종의 버퍼링과 같이 세포와 세포 사이의 연결이 더디어 주의집중이 어렵다고 한다. 그래서 ADHD가 있는 아이들의 뇌 발달은 일반 아이들과 달라 자기조절이나 절제 능력이 떨어지고 주의집중에 시간이 필요하다.

일반적인 사람은 한 가지 일에 집중하면 다른 일은 억제하거나 무시할 수 있다. 하지만 ADHD 환자에게는 자신이 집중해야 하는 과업뿐 아니라 다른 모든 일이 자극으로 작용한다. 컴퓨터 바탕화면에 다양한 파일을 폴더에 담지 않고 꺼내놓으면 어수선하고 작업 효율이 떨어지는 것과 같다. 이 때문에 집중해야 할 것에 집중하지 못하고, 중요하지 않은 일까지 신경이 쓰이는 것이다.

ADHD의 또 다른 키워드, 충동성

ADHD를 설명하는 또 다른 키워드는 바로 '충동성'이다. ADHD인 아이는 다른 아이들에 비해 신경세포의 연결이 더디므로 충동적으로 몸을 움직인다. 동작이 과하고 클 수밖에 없다. 이런 아이들에게 일반적인 훈육은 효과가 없다. 이 아이들도 머리로는 안 된다고 생각하지만, 신경 발달 이상으로 충동을 조절하지 못하는 것이기 때문이다.

만약 뇌의 문제로 정확한 진단이 떨어졌다면, 아이가 겪는 특별한 어려움을 함께해야 한다. 부모와 기관이 각자의 역할에 최선을 다해 아이를 돕는다. 예를 들어, 꽉 짜인 일정보다는 밖에 나가서 놀이를 통해 배우도록 지원한다. 주말마다 숲에 데리고 가는 것도 좋다. 자유로운 공간에서 원하는 놀이를 선택하고 시도해보는 것은 상상만으로도 행복하다. 부모와 함께 나무와 곤충을 관찰하고 흙을 만지며 많은 시간을 보내는 것이다. 하늘의 구름과 얼굴을 스치는 바람, 떨어지는 나뭇잎, 흐르는 시냇물을 느끼며 자유롭게 보내는 아이는 자신의 인생을 즐기며 살아가고, 어느덧 창의적이고 자기다운 어른으로 성장할 것이다.

아인슈타인은 이렇게 말했다.

"저는 아주 똑똑하지도 않고 특별한 재능을 타고나지도 않았습니다. 다만 호기심이 아주 많을 뿐입니다!"

난독증을 앓은 아인슈타인이 위대한 과학자가 될 수 있었던 것은, 그를 있는 그대로 바라봐준 누군가가 있었을 것이다. 우리 아이들도 마찬가지다. 넘치는 호기심을 그대로 인정해주고 그 옆에 가만히 함께 있어주면 되는 것이다.

완전한 사람은 세상에 없다. 저마다 조금씩 열등함을 가지고 있다. 그것을 있는 그대로 인정하고 극복하려 노력할 때, 우리는 사회에서 가치 있는 삶을 살아갈 수 있다. 완전한 아이가 아닌, 온전한 아이로 자랄 수 있게 이끌어주어야 할 것이다.

나는 강물처럼
말해요

조던 스콧 글
시드니 스미스 그림

그림책 《나는 강물처럼 말해요》로 느린 아이에게 말 걸기

《나는 강물처럼 말해요》에서 주인공 아이는 아침마다 낱말들의 소리를 들으며 눈을 뜨지만 소리 내어 말하지 못한다. 그저 입술을 달싹거리다 말 뿐이다. 말을 더듬어서 학교 발표도 망친 아이를 아빠는 강가로 데려가며 말한다. "너도 강물처럼 말한다"라고. 별문제 없이 흘러가는 듯 보이지만 강물은 더듬거리며 제 길을 간다. 굽이치고 소용돌이치고 여기저기

 부딪치기도 하고 세차게 부서지면서 흐른다. 거친 물살 너머의 잔잔한 물살처럼 아이는 말을 더듬는 자신의 내면이 그렇다고 깨닫는다. 잔잔한 물살은 부드럽게 일렁이며 반짝이고 있다고. 말을 더듬는다고 해서 생각을 더듬는 것은 아니라고.

아이는 비록 남들과 다른 자신의 모습을 끌어안으며 바깥세상을 향해 한 발짝씩 나아간다. 아빠와 함께 바라본 강물 앞에서 따듯한 치유와 큰 위안을 얻은 것이다. 《나는 강물처럼 말해요》는 세계적인 평단이 인정할 만큼 깊은 울림을 주는 그림책이다. 지금 내 아이가 남다르고 느려서 특별하다면, 이 그림책을 함께 읽어보는 건 어떨까.

"느려도 괜찮아. 강물처럼 그렇게 천천히 흘러가면 된단다."

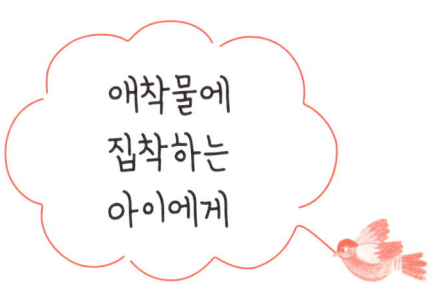

애착물에 집착하는 아이에게

💬 꼬질꼬질한 담요, 베개, 해진 인형, 조끼……. 쓰레기장에서나 볼 법한 물건이라고 생각하겠지만, 사실 이건 우리 어린이집에 다니던 아이들의 친구다. 한시도 곁에서 떼어놓지 않고, 없으면 잠도 못 잘 지경이었으니 보물이라 할 만하다. 예쁘지도, 깨끗하지도, 들고 다니기 쉽지도 않은 물건을 좋다고 품고 다니는 모습을 보면, 무엇이 그렇게 아이들을 사로잡았는지 궁금해진다.

과연 이런 물건들은 아이들에게 얼마나 중요한 의미일까? 이를 이해하기 위해서는 인간의 성장 과정을 자세히 들여다볼 필요가 있다.

이제 막 태어난 아기는 '절대적인 의존기'를 겪는다. 스스로는 아무것도 할 수 없기에, 오로지 양육자의 손에 모든 것을 맡겨야 한다. 자신의 욕구를 웃음이나 울음으로 표현하며 양육자가 자신의 필요를 채워주기만을 바랄 수밖에 없다. 그래서 절대적인 의존기에는 양육자의 역할이 매우 중요하다. 양육자가 아이의 감정 표현에 곧바로 반응해주고, 자신의 요구를 들어주었을 때 아이는 안정감을 느낀다. 그리고 이 안정감을 바탕으로 '대상에 대한 이미지'와 '대상에 반응하는 자신의 이미지'를 가지게 되어 긍정적이고 독립적인 사람으로 성장한다.

엄마와 이어져 있고 싶은 마음

그러나 절대적으로 누군가에게 의존하는 존재가 곧바로 독립적인 주체가 될 수는 없다. 엄마라는 안전기지를 통해 분리와 친밀감을 동시에 경험하며 개별화되는 것이 발달이고 성장이다. 이것이 부모의 일방적인 시간표에 따라 원활하지 못할 때 아이들은 안정감을 줄 무언가를 찾는다. 그것이 바로 '중간 대상', 즉 애착물이다. 이러한 물건은 외로움과 불안을 없애주고, 자신의 감정이나 언어를 풀어낼 수 있는 매개체가 되어준다. 이때 애착물은 단순히 예쁘고 좋은 물건보다는, 아이와 긴밀하게 연결된 물건일 가능성이 높다. 보통 엄마의 냄새나 엄마를 연상시키는 촉감을 지닌 대상물이 아이에게 안정감을 주는 애착물로 선택된다.

이 애착물은 부모 대신 아이를 품어주고, 아이의 모든 감정을 아무 조건 없이 받아줄 수 있는 대상이자 마음대로 해도 되는 물건이다. 아이가 가장 처음 가지는 소유물인 셈이다. 인형뿐 아니라 아이가 만지작거릴 수 있는 이불, 배냇저고리, 공갈젖꼭지, 심지어 엄마 속옷 끈까지도 아이의 애착물이 될 수 있다.

❣ 애착물에 대한 집착이 커지는 이유

아이가 태어날 때 일어나는 엄마와의 분리도 아이의 애착에 영향을 미칠 수 있다. 예전에는 엄마가 아이를 낳고 나서 아이와 함께 가정에 돌아가 산후조리를 하는 것이 일반적인 출산 문화였다. 그러나 요즘은 병원에서 아이를 낳는 순간, 아이와 엄마가 분리되어 아이는 신생아실로, 엄마는 병실로 옮겨진다. 아이가 태어나는 순간부터 엄마와 분리되는 듯한 공포와 두려움을 느낄 수밖에 없는 구조다.

병원에서 나와 산후조리원에 들어가서도 상황은 크게 다르지 않다. 아이는 아이끼리, 엄마는 엄마대로 따로 방을 쓰면서 정해진 시간에만 아이를 볼 수 있다. 물론 출산 과정에서 너무 많이 힘들었던 엄마 입장에서는 아이와 분리되어 휴식하는 것이 너무 필요하다고 생각할 것이다.

하지만 아이 입장에서는 어떨까? 아이 역시 엄마 자궁에서 안간힘을 다해 세상 밖으로 나왔는데, 나오자마자 탯줄이 잘리고 엄마와의 연결이 끊기는 경험을 하는 것이다. 이때 바로 아이에게 젖을 물려주거나 안아주면 좀 덜하겠지만, 그러지 못했을 경우 아이는 큰 상실과 함께 불안을 경험할 수 있다.

그러니 아이를 헤아린다면, 산후조리원에서도 엄마가 직접 아이를 돌보면 좋을 것이다. 아이가 태어났을 때 엄마의 냄새와 목소리와 살결을 느끼며 안정감을 얻는 것은 정서적인 발달 면에서도 무척 중요하다.

이러한 안정감이 없다면 애착물에 대한 집착은 더욱 커진다. 꼭 부모와 분리된 상태가 아니더라도, 부모가 시시때때로 아이를 대하는 태도를 바꾸는 경우에도 그럴 수 있다. 중간 대상에 집착하는 모습을 통해 아이의 정서를 가늠할 수 있다.

요컨대 아이가 애착물에 집착하는 것을 막고 싶다면, 부모는 언제나 아이의 안전기지가 되어야 한다. 물론 부모와 아이가 항상 붙어 있을 수는 없다. 그러나 부모의 품을 떠나 독립된 개체로 성장할 때까지 '따로 또 함께'를 경험하게 해주는, 언제나 돌아올 수 있는 안전기지가 존재한다는 사실만으로 안심이 될 것이다.

안정적인 사랑이 답

간혹 성인이 되어서도 애착물에 대한 집착을 버리지 못하는 사람이 있다. 군대에 가서도 자신이 덮던 담요를 찾고, 결혼할 나이가 되었는데도 여전히 커다란 곰 인형을 안고 자기도 한다. 일정 시기에 이르면 애착물 없이도 지내도록 안정적이고 단단한 심리를 가져야 하는데, 여전히 무언가에 의존하여 살고 있는 것이다.

모든 아이가 애착물을 필요로 하지는 않는다. 그러나 아이가 자신의 불안을 해소하기 위해서 애착물을 선택한다면, 정서적 발달을 위해서라도 부모는 개입하지 말고 당분간 지켜보아야 한다. 애착을 끊어내지 못하는 아이를 비난하거나 애착물을 숨겨서는 안 된다. 아이가 애착물 없이도 스스로의 감정을 조절할 수 있을 때까지 기다려야 한다. 아울러 부모도 아이에게 애착물이 필요 없다고 느낄 만큼 안정적인 사랑을 주어야 한다. 그때가 되면 아이는 시키지 않아도 스스로 어린 시절의 친구를 놓아주고 조금 더 성숙한 존재로 우뚝 설 것이다.

내 이불이야

한은영 글·그림

 그림책 《내 이불이야》로 애착물에 집착이 심한 아이에게 말 걸기

누구에게나 한 몸처럼 붙어 다니는 단짝 친구가 있다. 《내 이불이야》의 주인공 재아도 단짝인 '분홍이'가 있다. 보통의 친구와 다른 점이 있다면, 분홍이는 사람이 아니라 담요라는 것이다. 재아는 분홍이를 어디든 들고 다닌다. 밥 먹을 때도, 놀 때도, 졸릴 때도, 심지어 마트에 장을 보러 갈 때도 담요를 두르고 간다.

어느 날 소꿉놀이를 하던 재아가 주스와 과자 부스러기를 흘리는 바람에 분홍이를 더럽히고 만다. 겨우 빨아서 밖에 말려두었지만, 분홍이는 바람에 날아가 고양이 가족 차지가 되었다. 재아는 무척 화가 났지만, 분홍이를 되찾기 위해 다시 한번 고양이 가족에게 가보기로 결심한다.

《내 이불이야》는 담요를 애착물로 삼아 집착하는 아이, 재아에 대한 이야기를 담고 있다. 다른 예쁜 담요가 있어도 오로지 분홍이만 생각하는 재아의 모습은, 한창 자기가 좋아하는 물건을 여기저기 가지고 다니는 우리 아이를 떠올리게 한다.

애착물을 지니고 있는 아이는 무의식적으로 정서적 안정감을 찾는 것이라고 한다. 사람 대신 물건을 통해 정서적 결핍을 해소하는 것은 나쁜 일은 아니지만, 너무 지나치면 해가 된다.

아이가 애착물에 집착하고 있다면 이렇게 말을 해주면 어떨까?

"이걸 안고 있으면 엄마 품처럼 포근해서 좋아하는 거지? 이것 대신 엄마가 더 많이 안아줄게."

Chapter 4

자연으로 가는
아이에게
말 걸기

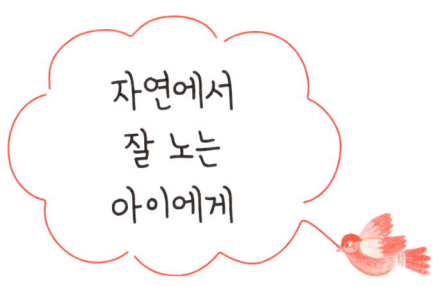

자연에서 잘 노는 아이에게

💬 부모의 맞벌이로 이른 나이부터 어린이집에 등원하는 아이들은 하루에 대한 일과표가 있다. 큰 덩어리로 보았을 때 또래와 함께 놀고, 먹고를 반복하며 기본 생활습관이나 놀이를 통한 주제별 활동을 하면서 바쁘게 하루를 보낸다.

초등학교는 수업시간이 40분이면 10분씩 쉬는 시간이 있지만, 우리 아이들은 낮잠 시간을 제외한 쉬는 시간이 따로 있지는 않다. 하루 종일 노는데 무슨 쉬는 시간이 필요하냐고 하겠지만, 하루 6시간 넘게 어린이집에 머무르는 동안 일정에 따른 활동에서 벗어나 자연에서 느끼는 긴장을 낮추고 자유롭게 놀 수 있는 '쉼표'와 같은 '멈춤'의 시간이 필요하다.

어떻게 하면 아이들에게 멈춤의 시간을 줄 수 있을까? 우리가 바쁜 일상을 보내다 주말이나 휴가 때 휴식을 위해 가는 곳이 어디인지를 생각해보면 답을 찾을 수 있다. 아이들을 자연으로 데리고 가 '진짜 놀이'를 하도록 지원하는 것. 바로 '자연'으로 들어가는 것이 나름의 쉼표를 찍는 방법이라 생각한다.

최근에 한 지인을 만났는데, 자연에 대한 자신의 경험을 이야기해주었다.

"제가 깊은 산골 출신이에요. 초등학교 1학년 때 서울로 전학을 왔는데, 방학만 되면 시골에 가서 맘껏 놀았어요. 6학년 때까지 그렇게 하다 보니, 오히려 중·고등학교 때는 공부를 더 잘하게 되더라고요. 대학에서 물리학을 전공한 계기가 되었죠. 생각해보면, 초등학교 때 산과 들에서 실컷 논 게 지금 저의 정서와 여유로움을 만들어준 것 같아요."

나는 이분의 말에 깊이 공감했다. 나도 어렸을 때 서울로 이사와서 방학 때면 시골 할머니 댁에서 보냈는데, 한 살 많은 삼촌과 함께 산과 들, 개울을 누비며 뛰어놀던 기억이 생생하기 때문이다.

이뿐만이 아니다. 고등학교 때 다시 전주로 전학을 갔는데, 고3 때 토요일 오전 수업이 끝나면 전주에서 가장 높은 산인 기린봉까지 다녀와야 했다. 선생님들이 대입 시험을 코앞에 둔 우리에게 왕복 2시간 정도의 산행을 시킨 이유는, 아마도 매일 책상에만 앉아 있는 모습이 안타까워 자연을 느끼고 체력을 키우게 하려는 의도였으리라. 그래서인지 고등학교 시절에 대한 많은 추억 중, 그때 산을 오르내리며 보았던 들꽃이나 나무, 새들의 지저귐, 비 온 뒤 나는 흙냄새 들이 가슴속에 고스란히 남아 있다.

오랜 시간이 지났는데도 그 모습들이 따듯한 느낌으로 떠오를 때면, 내가 지금까지 살아낸 힘이 지식을 쌓는 공부보다 내 정서에 오래도록 영향을 준 자연 속에서의 '놀이'라는 생각이 들었다. 나는 아이들에게도 이런 추억을 안겨주고 싶어 조금은 무모한 도전을 시작했다. 그러나 단순히 개인적인 추억만으로 활동을 계획했다기보다 많은 연구 결과를 바탕으로 아이들에게 '쉼표'인 '멈춤'의 시간을 자연에서 만들어주기로 했다.

❦ 아이들은 어디에서 놀아야 할까

지금 우리 상황은 어떤가? 미국의 유년기보호연맹 단체의 에드워드 밀러와 조앤 앨몬은 2009년 〈유치원의 위기〉라는 보고서에서 아이들의 삶에서 '놀이'가 사라지고 있다고 경고했다.

우리나라도 예외가 아니다. 건강한 아이들은 하루 종일 뛰어다니며 노는 것이 당연한데, 우리는 뛰기 시작하면서 뛰면 안 되는 것에 대해 가르치고 있다. 놀이와 탐험은 상상력을 키우며 다양한 놀이 경험들이 자존감을 높이고 감정의 뇌가 발달하도록 돕는다. 그러나 너나없이 입시 위주의 교육을 좇으며, 경쟁적인 교육과정과 사교육으로 아이들을 내몰고 있다. 그 결과 아이들 저마다의 기질에 따른 고유성은 사라지고 아동 발달에 대한 이해나 원칙에서 멀어진다.

아이들에게 "주말 동안 뭐 하고 지냈어?"라고 물으면 집 근처 마트나 쇼핑몰, 혹은 맛집 다녀온 이야기 정도가 대부분이다. 아이들은 이것을 놀이라 생각하는 걸까?

오늘날 우리 사회는 도시화와 정보화로 인한 온갖 미디어의 홍수 속에서 심각한 운동 부족과 정서적 발달 문제를 겪고 있다. 점점 자연과는 멀어지는 생활 속에서, 우리 대부분이 자연에 무관심하거나 혹은 정복해야 할 대상 정도로 여기는 반(反)생태적인 삶을 살아가고 있다. 이는 자연에 대한 거부감으로 이어져 아이들에게도 위험한 곳으로 인식시키며 접근을 방해한다. 도시에 사는 많은 아이들이 개미 한 마리, 들꽃 한 송이의 존재를 제대로 인식하지 못하고 있다.

하지만 단언컨대 내가 지켜본 바로는, 아이들은 자연을 좋아하고 자연 속에서 시간 가는 줄 모르고 놀이에 몰입한다. 이처럼 마음에서 우러난 내적동기에 따른 몰입이 진짜 놀이를 하는 시간이다. 이런 과정을 통해 자신감과 기쁨, 흥미로움, 용기 등 감정의 뇌가 발달하고 창의적인 사고를 하게 된다. 자연이 주는 다채로운 경험을 통해 아이들은 도시의 제한된 건물 속이 아니라 하늘부터 땅속까지 아우르며 사고의 세계가 엄청나게 확장된다.

그럼 우리는 어떤 선택을 해야 할까? 아이들을 자연에서 놀게 해서 몸과 마음의 감각을 깨우고 다양한 성품과 생각을 품게 할 것인지, 미디어나 책에 의존해 획일적인 생각으로 수동적으로 살게 할 것인지 진지하게 고민해야 한다. 어떤 선택을 하느냐에 따라 앞으로 우리 아이들이 만나는 세상은 저마다 다른 모습과 크기로 나타날 것이다.

자연은 더할 나위 없는 쉼표

몇 년 전, 산림청에서 주관하는 행사에 참여했다. 산림학과 교수님과 이야기를 나누었는데, 아이들에게 자연을 접하며 놀게 하는 것은 정서발달을 돕는 것을 넘어 더 큰 의미가 있다는 말을 해주셨다. 내용을 정리하면 다음과 같다.

바이오포비아(Biophobia, 자연공포증)는 현대인이 느끼는 심리 현상 중 하나로 자연에 대한 막연한 두려움을 의미한다. 이것은 도시 생활로 인한 자연과의 단절에서 비롯되었고, 사회 문화적으로 학습된다고 한다.

숲이 많은 우리나라도 산업화의 영향으로 많은 인구가 도시에 밀집되어 발전해왔다. 그러다 보니 도시에서 태어나고 거주하는 사람 중 바이오포비아에 시달리는 경우가 점점 늘고 있다. 산림학과에 지원한 신입생조차도 바이오포비아를 겪는 학생들이 있어 학업을 포기하기도 한다는 것이다.

미국의 작가 리처드 루브는 《자연에서 멀어진 아이들》이라는 책에서 '자연결핍 장애'라는 말을 처음 사용한다. 이 말은 의약 용어는 아니지만 어린아이와 자연 사이에 갈수록 커져가는 간극을 표현하기 위한 용어로 사용되었다. 자연결핍 장애는 감각을 둔화시킨다고 한다. 또한 주의력결핍과 신체적·정신적 질병뿐 아니라 사회 정서 문제와 관련된 다양한 신경증 증가에도 영향을 미친다.

그러나 인간이 처음부터 반자연적인 삶을 좇은 것은 아니다. 20세기의 대표적인 지성 사회생물학자 에드워드 윌슨은 《바이오필리아》라는 책에서 인간에게 존재하는 생명에 대한 호감을 설명하고 있다. '바이오필리아'는 'Bio-(생명)'와 '-philia(좋아함)'의 조합어로, 인간의 본능 속에 이 '생명 사랑'의 경향이 있어서, 우리가 하는 선택과 행동에 아주 강력하게 영향을 준다는 것이다.

윌슨에 따르면, 인간 유전자에는 녹색을 갈망하는 인자가 들어 있고, 생명에 대한 사랑은 자연스러운 감정이라는 것이다. 윌슨은 아이들이 개미와 지렁이 같은 살아 있는 생명체를 보고 가지는 호기심이나 산과 공원 같은 자연환경에서 느끼는 안도감과 편안함 등을 바이오필리아의 개념으로 설명해낸다. 그리고 이 바이오필리아를 이용해 다음 세대를 위한 커다란 비전을 교육적 측면에서 제시한다.

결국 아이들을 자연에서 키우면, 그들이 품는 세상에 대한 크기가 달라진다는 것이 그 산림학과 교수님과 에드워드 윌슨의 핵심적인 메시지였다.

이런 이유에서인지 이미 오래전 우리보다 앞서 덴마크, 독일, 영국 등과 같은 유럽에서는 '숲유치원', '자연유치원'과 같은 자연친화적 교육이 미래 세대의 교육적 대안으로 대두되었다. 일반 유아 교육기관과 마찬가지로 정식 교육기관으로 인정하고 있다.

우리나라도 매일 숲 활동을 하는 사설기관이 곳곳에 있지만 정식 교육기관으로 인정해주지 않아 운영에 어려움이 있다. 그렇다 보니 부모 부담금이 커서 확산되지 못하기도 한다. 아이들 성장에 긍정적인 영향을 주는 기관이라면 그곳이 건물 안에 있든 숲에 있든 들판에 있든 어느 자연 속에 존재하든 정식 교육기관으로 인정해주는 유연한 정책이 필요할 것이다.

유아는 자연에서 크고 작은 현상을 온몸으로 체험하고 느끼며,

더할 나위 없는 놀이도구로 무한한 상상력과 창조성을 발달시킨다. 이런 면에서 자연은 아이들에게 친구이며 가장 위대한 선생님이다.

우리 어린이집도 10년 넘게 아이들을 데리고 주 2회 숲을 오르고 있다. 숲에서 노는 아이들의 표정을 보면, 아무리 힘들어도 이 활동을 그만둘 수가 없다. 아이들은 자유롭게 숲을 누비며 자연 속에서 또 하나의 자연이 되기 때문이다.

잘 놀아야 삶이 풍성해진다

발달심리학자들에 따르면, 특정 대상에 대한 태도는 5세 이전에 만들어진다고 한다. 선천적인 본능과는 달리, 태도는 직접적인 경험의 반복이나 직간접적인 언어적 학습 등이 바탕이 되어 후천적으로 만들어진다. 그러므로 어릴 적 자연과 어울리는 풍부한 경험은 자연과 인간이 서로 공존하는 대상이며 돕는 관계임을 깨달아 자연에 대한 긍정적인 태도를 심어준다.

그러나 안타깝게도 오늘날 대부분의 아이들은 자연을 접해볼 기회를 상실했다. 어른들의 영향으로 자연을 두렵고 더러운 존재라는 부정적인 편견을 가지며 자연에서 더 멀어지게 되었다. 결국 자연결핍 장애를 가진 바이오포비아가 되어 세상에 대한 좁은 시야를 가진 아이들로 자라고 있다.

아이들은 저마다 독특한 존재로 특별한 목적을 가지고 세상에 온다. 아이들이 자연 속에서 마음껏 놀 수 있도록 함께 시간을 내주는 것이 다음 세대에 대한 배려요, 건강한 삶으로 이끄는 바탕일 것이다. 오늘날 휘몰아치는 급격한 사회 변화에서도 아이들은 여전히 놀 권리가 있고 다양한 놀이를 통해 가장 잘 준비된다는 것을 명심하길 바란다. 세계 교육 일번지인 유럽의 다수 국가에서 초등학생 때까지는 지식을 쌓은 학습보다 놀이를 우선시하는 숨은 뜻을 간과하지 말자.

분명한 사실은, 어릴 적 잘 놀아본 사람은 놀이에 대한 즐거운 기억이 많아 성인이 되어도 삶의 이야깃거리가 풍성하다. 반면 어릴 적 이런저런 이유로 놀지 못한 애어른은 성인이 되어도 노는 것에 익숙지 않고 몸과 마음이 경직되어 있다. 아이였을 때 많은 놀이를 경험해서 삶의 이야깃거리가 넘치고, 자연에서 놀며 배운 지식을 운용하는 지혜가 풍성한 어른으로 자라도록 도와야 할 것이다.

해님이 웃었어

기쿠치 치키 글·그림

그림책 《해님이 웃었어》로 자연에서 잘 노는 아이에게 말 걸기

《해님이 웃었어》는 주인공 아이가 해님과 특별한 소통을 하며 삶의 소중함과 희망을 발견하는 과정을 그린다. 아이의 눈길이 머무는 곳. 풀잎 위의 곤충들, 바람에 흔들리는 꽃잎, 하늘을 나는 나비, 땅속에 사는 갖가지 벌레……. 이런 것들이 너무 사소해서 어른들은 발걸음을 재촉하지만 아이들은 그럴 수 없다.

"흙이 움직였어. 안 보려고 하는데 자꾸 눈이 따라가."

자연 하나하나에 눈길을 주며 걷느라 그렇다.

아이의 시선으로 자연 속에 폴짝 뛰어들면 꼬물꼬물 움직이는 작은 생명이 눈에 들어온다. 잠시 멈춰 엉덩이를 하늘로 치켜든 채 신비한 생명체를 바라본다. 자꾸 눈이 따라간다는 아이의 고백이 참으로 솔직하고 귀엽다.

파란 표지에 노란 햇살처럼 웃는 아이 얼굴이 해맑다. 한 장을 넘기자 봄을 연상시키는 노란 면지가 상큼하다. 꽃 위에 앉아 있는 무당벌레 한 마리가 독자를 이끈다. 따스한 봄날 아이와 함께 숲속의 길을 걷는 듯하다.

"안 보려고 하는데도 자꾸 눈길이 가지? 자연이 그래. 숲이 그래. 여기에서 놀다 갈까?"

숲으로 가는 아이에게

💬 '자전거 탄 풍경'의 노래 〈보물〉을 듣다 보면 어릴 적 골목이 떠오른다. 비싸고 멋진 장난감이 없어도 하루 종일 즐거울 수 있었던 것은 친구들과 함께 자연과 골목에서 놀았기 때문일 것이다.

이처럼 자연에서의 놀이는 시공간을 초월해 오래도록 즐거움과 행복감으로 남아 있다. 자연이 주는 긍정적 정서는 세계 어느 곳에서든 크게 다르지 않다. 많은 나라에서 교육의 현장으로 끌고 들어와 아이들의 발달에 도움을 주는 '보물 보따리'를 만들어낸다.

숲유치원은 1950년대 중반에 덴마크의 엘라 플라타우 부인이 자녀들을 데리고 집 근처 숲에서 놀이 활동을 한 데서 유래를 찾을 수 있다. 그 후 이를 관심 있게 지켜본 이웃 주민들이 자녀를 데리고 와 함께 교육시켜달라고 부탁해 덴마크의 부모 주도형 숲유치원이 설립되었다. 현재 약 100여 개의 숲유치원이 성공적으로 운영되고 있다.

숲유치원을 찾아

2013년에 오스트리아의 숲유치원과 2024년 6월에 독일의 숲유치원을 방문한 적이 있다. 일반 유치원처럼 특정 건물이 아니라 매일 아이들이 숲으로 나가는 진짜 숲속 유치원이었다. 매일 아침에 부모가 숲 입구까지 데려다주면 아이들은 숲에 올라가 자유롭게 논다. 간식 시간이 되면 저마다 부모가 싸준 도시락을 먹고 또 놀다가 귀가하는 것이다.

오스트리아 숲유치원을 방문했을 때 특이했던 것은 간단한 놀이 도구를 넣어두는 텐트 한 개 정도만 있을 뿐 숲에는 간이 화장실도 없었다. 내가 화장실이 급해 물었더니 'Every where(아무데나)!'라고 말해 당황스러웠던 기억이 있다. 발달 지연과 신체장애가 있었던 아이들은 처음 숲 활동을 시작할 때만 해도 일반 아이들과 많은 차이를 보였는데 몇 년 지나자 간극이 많이 좁혀졌다고 했다.

이렇듯 유럽은 일찍부터 숲유치원의 형태로 숲에서 아이들이 놀이를 할 수 있는 것을 인정하며 아이들의 유연한 성장을 돕고 있었다. 그러나 숲 활동을 단순히 놀이 장소의 이동 정도로 생각하면 오산이다.

숲유치원은 도심의 폐쇄된 공간에서 이루어지는 정형화된 유아교육에서 벗어나 창의적인 생태전환 및 환경 교육이다. 더불어 신체 발달과 건강 및 인성 교육 측면에서도 일반 유아교육보다 긍정적 효과가 있다.

이를 배경으로 숲유치원이 국내에 도입되면서 2008년부터 산림청을 중심으로 숲 활동 프로그램을 진행하면서 숲유치원에 대한 관심이 높아졌다. 숲을 접하기 어려운 아이들과 부모의 요청으로 점차 수요가 많은 도시지역으로 확산되었고, 저출산으로 어린이집의 입소율이 낮아질 때도 숲 활동을 진행하는 어린이집과 유치원은 입학을 원하는 대기 인원수가 여전히 많다.

❦ 숲이 전하는 격려와 용기

우리 어린이집도 나름의 보육 철학을 가지고 운영하는 숲 활동이 있다. 이때 매번 규칙적인 의식(리추얼)대로 진행한다. 숲 활동을 시작하는 인사, 준비운동, 자유놀이, 마무리 감사 노래의 순으로, 처음부터 끝까지 아이들과 함께한다.

  숲을 오를 때는 울퉁불퉁하거나 가파른 계단도 만나고, 미끄러지기 쉬운 길도 경험하게 된다. 이런 곳을 매주 걸어 오르내리며 아이들은 다양한 몸의 감각을 익힌다. 계단 오르기, 몸을 숙여 올라가기, 나무에서 균형 잡기, 엉덩이로 내려오기, 꽃게처럼 옆으로 걸어 내려오기 등 여러 방법으로 운동 능력을 키우고, 조절하며 자신의 몸과 마음을 스스로 알아간다.

  평소 어린이집에 있을 때는 보육실에서 생활하므로 뛰거나 큰 소리 내는 것을 조심해야 했다. 안전사고를 최소화하기 때문이다. 그러나 숲이라는 넓은 공간은 마음껏 뛰고 움직이며 큰 소리로 놀 수 있다. 아이들은 덜 공격적이고 자유로운 활동으로 자존감과 자기효능감이 올라간다.

  숲에서는 아이 스스로 놀이를 발견하고 확장하며 모험을 하기에 기쁨과 만족감이 크다. 어려운 상황에도 피하지 않고 도전하며 용기와 협동을 배운다. 교사는 이런 상황에서 함께 놀고, 아이들의 생각과 결정을 지지하며 존중해주어 아이들과 평등한 관계를 유지한다.

  발달상에 문제가 있는 아이들도 숲 활동은 거부감이 없다. 주의력 부족에 과잉행동을 하고, 눈 맞춤이 원활하지 않거나, 언어와

인지가 느려도 숲 활동에는 전혀 문제가 되지 않는다. 왜냐하면 정해진 놀이와 교사의 개입을 최소화하고, 아이 각각의 기질과 발달 수준에 맞게 스스로 놀이를 찾아 몰입하기 때문이다.

친구를 좋아하는 아이들은 친구들과 놀고, 흙에 관심 있는 아이는 흙바닥에 앉거나 엎드려 만지작거리며 놀고, 나뭇가지나 열매에 관심이 많은 아이는 그것들을 가지고 놀고, 몸의 움직임을 좋아하는 아이는 마음껏 뛰노는 곳이 숲이다. 서로 경쟁하지 않으니 여유롭고 행복하다.

숲에서 교사의 역할은 배낭 속 내용물로 설명할 수 있다. 간단한 구급약품과 끈이 필요할 때 쓸 면끈과 밧줄, 나무 자르는 데 필요한 작은 톱, 자연물을 담거나 도화지 용도인 광목천, 그리고 목마름을 위한 물과 컵이다. 숲 활동에 필요한 교사의 준비물은 이게 다이다. 그러나 이조차 사용을 선택하는 것은 아이들이다.

우리 어린이집은 산림청 국가 자격인 유아숲지도사 실습 기관이다. 그래서 실습생들이 많이 방문한다. 여러 실습 기관이 있지만 우리 어린이집을 다녀간 실습생들은 한결같이 진짜 숲 놀이를 하는 곳이라 격려하며 감격한다. 다른 곳은 어떤지 물으면 교실에서처럼 별다르지 않게 학습을 한다고 한다. 숲 선생들은 학습 재료를 챙겨오느라 짐이 커지고, 어떤 곳에 가보면 캐리어를 끌고 오는 숲 선생도 있단다.

단언하건대 숲에서는 자연물 외에 다른 재료는 필요 없다. 그날그날 아이들에게 무슨 놀이를 할까, 어디에 더 가볼까를 스스로 결정하게 한다면, 교사가 굳이 놀이와 재료를 따로 챙길 필요가 없다. 단지 부모가 그것을 이해해주면 된다. 우리나라는 결과물을 중요시하는 문화라 숲 선생들은 학습 재료를 챙기며 부모들의 눈치를 볼 수밖에 없다고 한다. 숲 활동도 학습 재료의 결과물을 가지고 평가하는 부모가 있기 때문이다.

그러나 아이들이 굳이 학습 재료 없이도 자연물로 놀이에 대한 즐거움을 맛본다면, 부모는 그것 자체로 존중해주어야 한다. 숲 활동을 진행하는 기관도 놀이에 대한 나름의 철학이나 가치관을 가지고 운영한다면, 그 혜택은 온전히 아이들에게 돌아갈 것이다.

예를 들어, 나무의 까치집을 발견한 아이들은 온갖 호기심을 발동하며 놀이로 확장한다. 친구들과 나뭇가지를 모아 까치집을 만들며 자연의 원리를 이해하고 건축가가 되는 것이다.

바람직한 숲 활동은 교사가 아닌 아이들이 만들어가는 것이다. 스스로 선택한 놀이를 통해 욕구를 조절하고, 다 가지고 논 자연물은 원래 자리에 돌려보내며 책임감과 함께 자연에 대한 바른 자세를 익힌다. 그런 과정을 통해 아이는 합리적이고 지혜로운 사람으로 자연과 공존하는 법을 배운다.

🌱 마법을 부리는 숲

숲 활동은 사계절의 변화를 알게 해준다. 아이들은 도심 속의 꽃들과 다른 산꽃들을 보며 봄을 맞이한다. 이른 봄 처음 꽃을 피우는 분홍 진달래와 노란 생강나무, 보랏빛 제비꽃을 보며 봄이 온 것을 느낀다. 머리 위로 뿌려지는 벚꽃을 보고 팝콘 같다거나, 꽃비가 내린다는 아이도 있다. 여기저기 날리는 민들레 홀씨를 꺾어 흙으로 만든 케이크에 꽂아 친구의 생일을 축하해주기도 한다.

여름이면 우비를 입고 떨어지는 비를 맞으며 물웅덩이에서 첨벙첨벙 뛰어논다. 가을엔 낙엽 수영장에서 수영을 하고 나무 위를 날아다니는 청솔모도 만난다. 빨간 팥배나무 열매를 모아 모닥불 놀이를 할 때면 겨울이 오고 있음을 느낀다.

아이들의 놀이를 지켜보면 어떻게 이런 생각을 하는지 놀랄 때가 한두 번이 아니다. 아이들은 숲에서 발명가와 탐험가, 언어의 마술사가 되어 어른들의 얄팍한 지식을 겸손하게 만든다. 교실에서는 쉽사리 볼 수 없는 창의성과 상상력, 협동, 용기, 놀이에 대한 몰입감이 숲에서는 일상이 된다.

자연에서 놀면서 생명에 대한 소중함도 깨닫는다. 처음 숲 활동을 진행했을 때 아이들은 꽃을 함부로 꺾거나 개미와 곤충을 밟아 죽이곤 했다. 그러나 시간이 흐를수록 아이들은 변화되었다.

꽃과 개미는 아이들의 친구가 되어 온전하게 지켜주고 스스로 규칙을 만들며 자연과 하나가 된다.

가끔은 자연물을 하나씩 숨겨 가져오는 경우도 있다. 뭐 할 거냐고 물으면 작은 주머니 속을 만지작거리며 대답한다.

"엄마 갓다줄 거예요."

어른들이 보기엔 대수롭지 않아 보이지만 엄마에게 주려는 아이의 마음을 헤아린다면 값으로 따질 수 없을 것이다. 그래서 놀이 후 자연물을 숲으로 돌려보내는 게 규칙이지만 엄마를 위한 아이의 마음을 배려해 살짝 눈감아주기도 한다.

이런 것을 보면 아이들이 숲 활동을 통해 아직은 표현하는 능력이 부족하지만, 자연에 대한 감수성과 배려심이 커지고 사랑하는 사람과 나누고 싶은 정서도 발달하는 것을 알 수 있다.

나는 아이들이 숲 활동을 통해 비록 작은 삶이지만 삶의 가치를 발견하고 체득하길 바란다. 심리학자 빅터 프랭글은《죽음의 수용소에서》라는 책에서 '삶의 가치를 발견하기 위한 세 가지 방법'을 이야기했다. 그의 글을 읽으며 숲 활동이야말로 삶의 가치를 온몸으로 배우는 활동이 아닌가 싶었다. 그 내용을 살펴보면 이렇다.

첫 번째는, '창조적 가치'를 만드는 연습이다. 숲 활동은 교사가 아닌 아이들이 주도한다. 아이들이 보잘것없어 보이는 자연물을 가지고 놀며 무언가를 만들어 의미를 부여하고 가치 있는 것으로 창조해낸다. 즉, 자연과의 놀이를 통해 창조적 가치의 기초를 길러내는 것이다.

두 번째로, 자연과 또래 친구들과 어우러지는 경험 속에서 '경험적 가치'를 배우는 것이다. 자연 속에서 충분히 경험하고 소통하는 가운데 자연과 인간은 서로 공존하며 하나라는 것을 깨닫는다. 더불어 또래와 협력하면서 한 사람 한 사람 모두가 소중한 존재임을 경험한다.

세 번째는, '태도적 가치'를 경험한다. 숲에서 일어나는 다양한 상황에 스스로 대처하면서 얻는 의지와 자유에 대한 가치를 의미한다.

물론 이런 삶의 가치들을 책이나 미디어로 간접적으로 배울 수는 있다. 그러나 영유아기 시절부터 직접적으로 경험하고 성장하며 긍정적인 자아상이 생기면 어떤 어려운 상황에 닥쳐도 쉽게 포기하지 않을 것이다. 창의적인 사고와 경험을 기반으로 이겨내며, 희망으로 채워진 더 가치 있는 삶으로 나아갈 수 있을 것이다.

숲 활동은 아이들에게 그런 첫걸음이 되기에 부족함이 없을 것이다.

호두 한 알 속에는

다카오 유코 글·그림

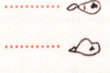

그림책 《호두 한 알 속에는》으로 숲으로 가는 아이에게 말 걸기

대단한 가능성을 품은 호두 한 알! '호두가 가 있는 곳에서 이야기가 시작한 것은 아닐까?'라는 상상력과 호기심으로 읽어나가게 하는 그림책이다. 일러스트와 콜라주를 섞어 표현해 마법을 부리는 숲과 열매의 변화를 다채롭게 보여준다.

《호두 한 알 속에는》을 읽으며 아이에게 '호두 한 알을 흔들어보렴' 하며 소리를 듣게 하고, '호두 한 알

을 찾아보렴' 하며 가을 숲속에서 다양한 열매를 발견하게 하고, '호두 한 알을 들여다보렴' 하며 호두를 자세히 관찰하게 할 수 있다.

또한 아이와 함께 호두 한 알에서 들리는 소리로 이야기를 만들고 조심스럽게 열매를 심어보면 어떨까? 겨울을 보내고 봄에 다시 그 자리를 찾았을 때 새싹이 나 있다면 이보다 더 훌륭한 생태교육이 있을까? 시간이 더 지나 숲속 동물들이 모여드는 아름드리나무로 자라나는 장면을 상상해본다면 아이들은 뿌듯함으로 벅차오를 것이다.

"호두 한 알, 씨앗 하나에 무엇이 들어 있을까? 흔들어보자, 찾아보자, 들여다보자!"

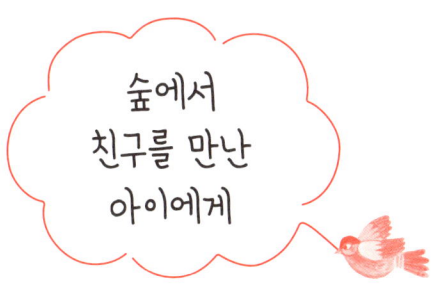

숲에서 친구를 만난 아이에게

💬 우리 어린이집 아이들은 3월부터 11월까지 7, 8월 여름을 제외한 수요일과 금요일은 숲에서 노는 날이다. 1세부터 3월 적응 기간이 끝나면 4월 한 달을 동네 산책을 하며 규칙을 배우고 5월부터 숲으로 간다. 뒤뚱뒤뚱 걷는데, 아직 엉덩이에 차고 있는 기저귀의 무게일까? 아니면, 대근육과 소근육의 발달이 완전하지 않아서일까? 어느 쪽이든 상관없다. 결론은 발달 정도가 어떠하든 자신의 힘으로 숲에 오른다는 것이다.

우리가 가는 숲은 해발 209미터의 등산로이고 서울둘레길에 속해 있다. 이 길을 오르려면 많은 계단과 가파른 언덕, 정돈되지 않은 자연 숲길을 따라 올라가야 한다. 1세를 데리고 숲길을 가기로 결정한 지도 10년이 넘었다. 우연히 TV에서 유럽 아이들이 숲 활동을 하는 것을 보았다. 계절에 상관없이 18개월부터 아이들을 데리고 숲에 간다는 독일 자연주의 교육을 보며, 독일 아기들이 간다면 우리 아기들도 할 수 있을 것 같았다.

그렇게 시작한 숲 활동은 5세 졸업반이 되면 제주도 졸업여행을 하는 것으로 정점을 찍는다. 코로나19 펜데믹 이전에는 한라산 윗세오름을 오르는 것으로 졸업여행의 피날레를 장식했다. 가끔씩 졸업생이나 그의 부모를 만나면 어린이집 생활 중에 숲에서 노는 것과 제주도 졸업여행이 가장 많이 기억난다고 한다. 숲 활동에 대한 우리의 철학이 옳았음을 말해준다.

그러나 제주도로 졸업여행을 가기까지는 많은 시간과 준비가 필요하다. 1세부터 5세까지 매주 2회 날씨에 상관없이 숲에 나간다. 숲의 활동을 통해 어느 상황에서도 대처할 수 있는 신체적인 감각과 인내, 책임감 같은 성품이 길러져야 한다. 더불어 교사와 부모도 아이들에게 마음껏 뛰어다니며 흙과 낙엽에 뒹굴고, 각종 곤충과 애벌레를 관찰하고 만져보도록 허용한다.

그렇기에 숲 활동은 단순한 체험이 아니다. 숲 활동을 진행하다 보면 국가가 요구하는 수준의 교육과정이 다 들어 있다. 신체 발달, 사회관계, 의사소통, 예술 경험, 자연 탐구가 가능해, 아이들의 전인적인 발달을 이끈다. 조화로운 인격체로 성장하는 밑거름이 된다.

🌱 아낌없이 주는 숲

　나름의 철학을 가지고 시작한 숲 활동이 처음부터 잘 진행된 것은 아니다. 경험이 없는 데다 아이들이 혹여 다칠까 염려되어 처음엔 안전한 공원이나 숲체험장을 이용했다. 그러나 몇 주가 지나자 아이들이 시큰둥해하거나 오히려 더 다치는 경우가 있었다. 원인을 살펴보니 우리나라 일부 숲체험장은 정형화된 놀이기구나 프로그램으로 아이들의 내적동기를 자극하지 못해 지루해한 것이었다. 게다가 곳곳이 시멘트나 아스팔트 바닥이라 뛰다가 넘어지면 숲보다 쉽게 다치는 것이었다.

　이런 이유로 눈을 돌린 곳이 어른들이 다니는 등산로 자연 숲길이었다. 동네 가까이 있는 숲을 몇 날 며칠을 다니며 모니터링하다가 길을 잃을 뻔한 적도 있었다. 지금은 숲의 지형을 모니터링해 놓은 덕에 계절별로 좋은 숲터가 어디인지 안다. 아이들은 날다람쥐처럼 여기저기 옮겨 다니며 자연스럽게 숲을 즐긴다.

　숲 활동을 할수록 깨닫는 것은 숲에서는 쓸모없는 것이 하나도 없다. 자연에서 생기고 자연으로 돌아가는 순환구조로, 그들만의 질서가 있고 공생하며 시간과 계절을 이어간다. 바람이나 새, 동물에 의해 옮겨진 씨앗이 자라 나무가 되어 꽃이 피고 열매를 맺으며 계절이 변한다. 숲의 나무는 서로 햇빛을 받기 위해 경쟁하듯 자라지만 자신의 가지에 물을 말려 가지 정리도 해가며 다른 나무를 배려한다. 키 큰 나무 밑 그늘진 곳에도 맥문동과 같은 풀이 생명력을 자랑한다. 등산로 옆으로 자라며 길 잃은 사람에게 안내자 역할을 한다는 국수가락처럼 생긴 국수나무도 있다.

이런 이유로 숲에서는 독불장군이 없다. 늙은 나무나 죽은 가지는 베어 한쪽에 쌓아놓으면 생물 서식 공간인 비오톱(biotope)이 된다. 즉, 곤충들의 집이 되기도 하고, 알을 낳아 다시 성충이 되도록 머무는 공간이 되기도 한다.

매년 가을이면 낙엽이 지고 땅에 쌓이는데 그 낙엽은 다 어디로 갔을까? 긴 겨울을 지나는 동안 흙 속에 사는 미생물과 지렁이, 기타 생물들의 먹이가 되며, 몇 해가 지나면 영양분 풍부한 부엽토가 되어 다시 나무를 키우는 새로운 역할을 한다.

아이들에게 이런 지식을 굳이 일일이 다 가르칠 필요는 없다. 그저 그곳이 놀이 장소가 되도록 환경을 만들어주고 지켜보다가, 가끔 무언가 궁금해 달려오는 아이에게 눈높이에 맞게 알려주면 된다.

아이들은 숲에서 자유롭게 움직이고 원하는 것을 해볼 수 있어서 매번 신나고 행복해한다. 요즘같이 정서지능을 중요시하는 시대에 숲 활동의 다양한 놀이는 정서적인 부분뿐만 아니라 창의성까지 풍부하게 만든다. 참나무에서 떨어진 도토리가 아이들에게는 보석이 되기도 하고 초콜릿이 되기도 하며, 나뭇잎은 접시가 되거나 닭꼬치가 되기도 한다. 어른들은 아이들의 상상력을 지지해주고 인정해주면 된다. 이렇듯 숲은 아낌없이 주는 나무처럼 우리를 보살펴주고 공생하고 있었다.

❦ 자연에서 지켜야 할 규칙

아이들에겐 너무나 재미있는 숲 활동이지만, 숲은 결코 만만한 곳이 아니다. 평화롭고 안전한 숲 활동을 위해 지켜야 할 몇 가지 규칙이 있다.

첫 번째, 선생님보다 먼저 갈 수 있으나 선생님이 보이는 곳까지만 간다.

두 번째, 돌과 나뭇가지를 가지고 놀 수는 있으나 친구가 다치지 않도록 주변을 살펴야 한다.

세 번째, 숲에 있는 자연물은 놀고 난 후 다시 제자리에 놓고 내려온다.

그 밖에 하고 싶은 놀이는 아이들 스스로 정한다. 교사는 도움을 필요로 할 때만 개입하고 함께 놀면 된다.

교사들끼리의 약속도 있다.

첫 번째, 아이들의 손을 먼저 잡아주지 않는다. 숲은 혼자 오르는 것을 원칙으로 한다. 여럿이 손을 잡고 오르면 넘어질 때 더 크게 다칠 수 있기 때문이다.

아이가 도와달라고 요청하거나, 많이 힘들어 보이는 아이가 있을 경우엔 "도와줄까?"라고 물은 뒤, 고개를 끄덕이면 손가락 하나를 빌려준다. 잠시 후 "이제는 혼자 가볼래?"라고 물으며 아이 스스로 몸을 조절하도록 격려해주며 잡았던 손을 뺀다.

물론 예상치 못한 상황은 늘 존재하므로 교사는 아이들의 안전을 살피며 걷는다. 이렇게 훈련된 아이들은 스스로 몸의 균형을 잡게 되고 위험을 느낄 때도 조심하며 자주적으로 움직인다. 도움이 필요한 친구에게 "내가 도와줄까?" 묻기도 하고 "힘내!"를 외치며 공동체 의식도 가진다.

아이들은 이런 경험을 통해 덜 공격적이고, 경쟁이 아니라 서로 도우며, 서툰 말이지만 서로의 안부를 살피는 따듯한 성품으로 자라게 된다.

두 번째, 숲 활동은 교사 주도로 프로그램을 진행하지 않는다. 숲에 올라갈 때 교사는 구조화된 프로그램을 가져가지 않는다. 숲 활동을 할 때 아이들이 새롭게 발견한 것들이 그날 놀이의 주제가 되므로, 교사에게 필요한 것은 융통성이라 볼 수 있다.

세 번째, 숲 활동에 필요한 도구는 자연물을 원칙으로 하고 숲에서 찾는다. 계절이나 날씨에 맞는 자연물을 도구로 찾고, 아이들에게 어떤 놀이를 하고 싶은지 묻는다. 이때 대그룹으로 활동하기보다 소그룹으로 묶어 아이들이 선택한 놀이를 계획하고 나누며 함께 놀도록 지원한다.

　네 번째, 숲 대문은 반드시 열고 닫는다. 숲에 올라가 숲 대문을 열면서 "숲아, 우리 놀아도 돼?"라고 숲 인사를 한다. 숲에서 논 후에는 가지고 놀았던 자연물을 제자리에 돌려주고는, 숲 대문을 닫으며 "숲아, 고마워! 나무야 고마워! 열매야 고마워!"를 외친다. 숲이 우리의 소유가 아니며 잠시 빌려 쓰는 것임을 아이들이 자연스럽게 배워가는 것이다. 이를 통해 자연과 사람이 서로에게 도움을 주는 소중한 관계임을 깨달아, 자연에 더욱 친숙한 아이로 자라난다.

숲이 만들어준 푸른 정원

　19세기 독일의 교육가 프뢰벨은 '킨더 가르텐(아이들의 정원)' 즉 '유치원'이라는 용어를 처음 사용하면서 자연에서 놀이의 중요성을 강조했고 창의적인 능력을 소중히 생각했다. 아이들을 단순히 기계적인 존재가 아닌 뛰어난 존재로 키우고 싶어 유치원을 만들었다. 이것이 오늘날까지 이어지고 있지만 현대사회가 도시화되며 안타깝게도 마음껏 뛰놀 수 있는 정원은 점점 사라지고 건물 속 아이들만 존재할 뿐이다.

숲 활동은 이를테면 아이들에게 진짜 정원을 선사해주는 것이다. 드넓은 정원에서 자연과 호흡하며 저마다 지닌 독특함을 꽃피우는 것이다.

아이들과 자연에서 놀이를 하다 보면 인문학적인 요소를 발견하고 깊은 통찰을 얻을 때가 있다. 아이들 때문에 숲 활동을 시작했는데, 덤으로 자연을 통해 숨겨져 있는 지혜를 배운다. 꽃, 나무, 숲, 흙, 바람, 물, 햇빛, 도토리, 지렁이, 개미, 대벌레, 돌멩이 등 이런 다양한 자연물은 아는 만큼 보이고, 자세히 보아야 보이며, 마음으로 보아야 소중하게 느껴진다.

조금만 관심을 가지고 바라보면 인간이 배워야 하는 것이 자연에 숨겨져 있다. 우리가 사용하는 물건들 중에 의외로 자연에서 모티브를 얻어 만들어진 것이 많다. 예를 들면, 단풍나무 씨앗이 날아가는 것을 보고 헬리콥터의 프로펠러를 만들고, 민들레 홀씨에서 아이디어를 얻어 낙하산을 만들고, 도꼬마리 열매를 보고 벨크로 찍찍이를 발명했다. 이렇듯 자연을 보고 자란 사람들은 자연을 응용해 새로운 발명을 하거나 예술작품과 디자인을 만들기도 한다. 그래서 자연은 아이들에게 훌륭한 선생이 된다.

자연에서 뒹굴고 노는 아이들은 성격에도 많은 변화가 온다. 예민한 아이가 둥글둥글해지고, 이기적인 아이가 혼자서는 어려움을 극복할 수 없다는 것도 배운다. 힘들어 뒤처지는 친구들을 격려하고 기다릴 줄도 안다. 매일을 콘크리트 건물 안에서 사는 아이들과는 정서가 다르다. 무엇보다도 스트레스가 적어 친구들과 다투는 일도 거의 없다.

신체 발달은 어떠한가? 1세의 나이에 기저귀도 떼지 않은 아이가 어른들이 다니는 숲길을 뒤뚱거리며 올라가면 등산객들은 입을 쩍 벌린다. 어떻게 어린아이들이 이 높은 곳을 올라올 수 있냐며 격려와 지지를 아끼지 않는다.

또한 나만의 창의력으로 자연물을 활용한 놀이는 그 어느 교육과 견주어도 뒤처지지 않는다. 창의성과 융합 교육이 대세인 요즘 어른들의 욕심으로 똑같은 프로그램에 따라 만들어진 완제품이나 디지털을 활용한 웹 교육으로 교육의 효과를 거둘 경우가 많다. 기능적인 부분에서 즉각적인 효과를 거둘 것이다. 하지만 예기치 못한 변화에 대응하는 방법이나 틀에 매이지 않은 자연에서의 놀이가 주는 엄청난 이득은 정형화된 기준으로는 평가할 수 없다.

이런 이유로 아이들은 더 숲에 올라야 하고, 푸른 정원에서 자라야 한다. 아이들은 숲의 정원에서 누구보다 행복한 아이가 될 수 있다.

숲에서 보낸
마법 같은 하루

베아트리체
알레마냐 글·그림

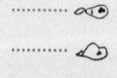

그림책 《숲에서 보낸 마법 같은 하루》로 숲에서 친구를 만난 아이에게 말 걸기

《숲에서 보낸 마법 같은 하루》 속의 아이는 엄마에게 이끌려 숲속 외딴집으로 간다. 바쁜 엄마는 글을 쓰느라 여념이 없고, 아빠가 없는 공허함을 채우기 위해 아이는 '화성인 죽이기' 게임에 집중한다. 그러다 엄마에게 핀잔을 듣자 잔소리를 피해 밖으로 나간다. 아이는 용기를 내 언덕을 내려가보기로 한다. 연못을 건너다 게임기를 물속에 빠뜨리고 실의에 빠

져 있는데 거대한 달팽이들이 나타난다. 달팽이의 더듬이를 만졌더니 몰캉몰캉하다.

아이의 관심은 이제 게임기에서 숲으로 향한다. 나무에도 올라가고, 바람 냄새도 맡아보고 빗물을 받아 마시고, 곤충을 한참 들여다보고, 새에게 말을 걸어보고, 웅덩이 속에서 물을 튀기기도 하며 몰랐던 다채로운 숲 세상을 만난다. 공허했던 마음은 즐거움과 호기심으로 가득 찬다. 그렇게 숲에서 온갖 경험을 하고 돌아왔더니 거울 속에 아빠 얼굴이 보인다.

이 그림책을 읽는 동안 숲을 만난 우리 어린이집 아이들의 눈빛이 떠올랐다. 숲에 가면 지루할 틈 없이 시간을 보내는 아이들. 더 놀고 싶다는 말로 얼마나 즐거운지 표현한다. 일주일에 하루쯤이라도 아이를 가까운 숲에서 마음껏 뛰놀게 하고, 이렇게 물어보자.

"오늘 네가 숲에서 보고, 냄새 맡고, 맛보고, 알게 된 것들을 엄마에게 얘기해줄래? 너무너무 궁금해."

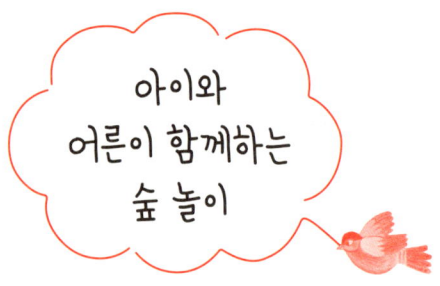

아이와 어른이 함께하는 숲 놀이

💬 어느 날 한 엄마가 아이를 데리고 상담을 왔다. 4세 남자아이로, 한눈에도 조용해 보이는 성격이었다. 엄마는 아이가 너무 얌전해서 야외 활동이 많은 우리 어린이집으로 옮기려는 것이었다.

이러저러한 이야기를 나누고 현관을 나가는 아이에게 말했다.

"우리 숲에 가면 곤충도 볼 수 있어. 어떤 곤충은 만져볼 수도 있지. 재밌겠지?"

"저 곤충 싫어하는데요!"

아이는 주저함 없이 단호하게 반박했다. 다행히도 어린이집에 입소를 했고, 숲 활동을 함께했다. 이후 숲 활동을 진행하는 중간

중간에 아이의 반응이 궁금해 "어때? 숲 활동 재미있니?" 물으면, 아이는 "네!" 정도로 짧게 대답했다.

그런 아이가 어느 날부터 어린이집에 오면 목소리가 커지고 친구들과 거침없이 놀며 소리 내어 깔깔 웃었다. 숲이 아이를 유쾌하고 활발하게 변화시킨 것이었다. 아이의 엄마는 바뀐 아들의 모습을 보고 난생처음이라며 놀라워했다.

❦ 아이를 변화시키는 숲속 놀이

얌전하고 말소리조차 적어 걱정이던 아이가 숲에 다니며 체력이 튼튼해지고 두려워하던 곤충도 만지게 되었다. 숲에 다녀온 날 저녁이면, 가족에게 조잘조잘 자랑하느라 식탁이 즐거워졌다는 아이를 보면, 아이의 마음이 변하고 꽃이 피는 것을 느낀다. 그런 아이들과 함께하는 일이 너무나 축복이고 감사해 내 마음에도 꽃이 핀다.

아이들의 기질과 성격이 교실에서는 잘 보이지 않다가, 숲에 가면 자연스럽게 관찰된다. 마음과 몸을 움츠리고 있던 아이가 기지개를 켜고 숲과 어울리는 모습을 보면 얼마나 기특한지. 더럽다며 흙바닥에 앉는 것을 주저했던 아이가 몇 주가 지나 철퍼덕 앉아 노는 모습엔 절로 미소가 지어진다. 늦잠 자던 아이도 "오늘 숲에 가는 날이야" 하면 벌떡 일어난다고 하니, 아이들이 숲을 얼마나 좋아하는지 가늠할 수 있다. 성격과 기질에 상관없이 아이들에게 최고의 인기 장소인 것이다.

가끔은 놀이를 통해 아이들의 심리 상태도 알아차릴 수 있다. 한번은 1세 반 아이들과 함께 숲 활동을 했는데, 광목천에 낙엽을 담아온 아이가 있어서 물었다.

"와, 이게 뭐야?"

"사자 얼굴이에요."

"사자 얼굴이구나. ○○야, 지금 사자 기분이 어때?"

"웃고 있어요!"

"아, 웃고 있구나. 왜 웃고 있는 거야?"

"음, 마음이 괜찮아서요!"

"음, 사자는 왜 마음이 괜찮아?"

"엄마가 도와줘서 좋대요."

"음, 엄마가 도와줘서 기분이 좋은 거구나."

"네."

"그럼 ○○도 엄마가 도와주면 기분이 좋아져?"

"네."

자신의 감정을 낙엽 사자를 통해 나타내기도 하고 어떤 때 기분이 좋은지도 알아차릴 수 있는 아이들. 이렇듯 숲에서는 아이에게 질문을 하고 답을 하며 아이들의 심리 상태나 감정 표현을 헤아리기에도 좋다.

그뿐 아니다. 돌멩이를 주워 통에 담는 놀이를 하며 숫자를 깨치기도 한다. 아이들은 저마다 돌을 담은 통을 가져와 교사에게 묻는다.

"선생님, 누가 더 많아요?"

"음, 어떻게 하면 누가 더 많은지 알 수 있을까?"

"세어봐요!"

아이들은 통에 담긴 돌멩이를 각자 바닥에 쏟고 세기 시작한다.

"하나, 둘, 셋, 넷…… ○○이는 열한 개, ××이는 아홉 개. 누가 더 많지?"

"아! ○○이가 많아요."

이렇듯 자연물을 통해 많고 적음, 가볍고 무거운 것들을 직접 겪으며 배울 수 있다.

아이들은 온갖 놀이를 하면서 원 없이 뒹굴고 달리며 웃는다. 숲속에서 하루 종일 놀아도 "더 놀고 싶어요!"를 외친다. 아이들은 분명 놀기 위해 이 세상에 왔다는 말이 괜한 말이 아니다. 이렇게 숲에서 놀고 내려오면 밥맛이 꿀맛이라 너도나도 잘 먹고, 낮잠도 너무 달게 잔다.

잘 놀고 잘 먹고 잘 자는 아이들이기에 그 몸과 마음은 또 얼마나 잘 자라겠는가.

숲이 준 자신감

요즘 아이들은 스스로 할 줄 아는 것이 부족하여 자조 기술이 예전에 비해 많이 떨어진다. 대부분의 부모가 아이에게 필요한 것을 먼저 살피고 챙겨주기 때문일 것이다. 1세 전후로 자기가 독립적인 존재임을 깨닫고 스스로 선택하고 결정하는 경험을 통해 자존감이 만들어진다. 그러나 사랑한다는 이유로 먼저 챙기고, 불편한 것은 경험시키지 않으므로 더위도 추위도 경험해보지 않은 나약한 아이를 만들고 있는 것이다.

우리 아이들이 9월 초 제주도 졸업여행을 가면 대부분 오름이나 전망대에 오른다. 9월 초라 여름의 무더위가 여전하다. 이런 날씨에 오름에 오르고 비양도 전망대를 오르는 것은 어른들도 쉽지 않다. 부모가 주도하는 여행이라면 절대 이런 일정을 짜지 않을 것이다. 그러나 더위에 비 오듯 땀을 흘리며 오름을 올라본 아이들은 3박 4일 동안 엄청나게 성장해 부모의 품에 안긴다.

학기가 끝나고 졸업할 때쯤이 되면, 아이들의 얼굴에 미소가 가득하고 자존감이 차 있다. 조용하고 약해 보이던 아이는 어느새 단단한 아이가 되어 큰 세상에 나간다.

❦ 어른과 아이 모두에게 남겨지는 선물

얼마 전 유튜브에서 김창옥 강사의 강의를 들은 적 있다. 기억과 추억에 관한 내용이었는데, 기억은 단순한 메모리(Memory)라면 추억은 메모리에 감정이 더해져 좋은 기억이라는 것이다. 그래서 성인이 되어서도 순간순간 시공간을 초월해 우리 앞에 되살아나 삶에 긍정적으로 영향을 미친다는 것이다.

심리학자 아들러의 이론에 따르면, 초기 기억은 생활양식 즉 성격을 형성하는 데 중요한 역할을 한다. 인생 초기의 경험과 기억이 이후 인생에서 중요한 역할을 하는데 인생 초기에 해당하는 아이 때의 경험과 기억은 한 개인의 인생에서 매우 중요한 역할을 한다.

어릴 적 추억이 성인이 된 우리에게 힘이 되고, 살아야 할 이유이며, 삶에 모델이 되기도 한단다. 어린 시절 다양한 경험을 통해 밥을 먹듯 좋은 추억을 먹으면, 훗날 어른이 되어서도 좋은 추억으로 배부를 것이다.

아이들에게 숲 활동도 그러할 것이다. 숲속의 신나는 경험들로 좋은 추억을 한 아름 안으면, 삶이 긍정적인 기운으로 물들 테니 말이다.

엄마와 나무 마을

유한순 글
김희진 그림

그림책 《엄마와 나무 마을》로 어른들의 숲 추억을 들려주고 싶은 아이에게 말 걸기

《엄마와 나무 마을》 속의 엄마 역시 나에게 나무 마을 이야기를 들려주며 보통의 아이들이 만들어내는 상상 속 친구를 불러낸다. 그 친구가 밝게 웃는 모습을 보며 점차 안정감을 찾는다. 바로 내면아이, 아홉 살의 어린 엄마 자신이다.

엄마의 내면아이를 좀 더 깊이 들여다보면, 나무들이 항상 아홉 살 엄마와 함께 있었다. 엄마는 그렇게

어린 시절 늘 곁에 있었던 나무들을 만나고 나서야 진정한 쉼과 위로를 얻는다. 자기 이해와 마음 치유를 한다.

《엄마와 나무 마을》의 나무는 다양한 의성어와 의태어로 아이들에게 말을 건다. 살랑살랑, 알록달록, 돌돌, 탱글탱글, 몽글몽글, 사르륵사르륵 몸짓과 소리로 살아 있음을 전한다. 이 책은 아이들에게 생소한 나무의 이름, 나무가 낼 법한 몸짓과 소리의 의태어와 의성어를 가르쳐준다. 나무 마을에서 아이는 자연을 느끼고 배운다.

아이는 초록 생기를 가슴에 담고 어른은 어린 시절 추억을 떠올릴 수 있는, 세대를 이어주는 공유 공감 그림책이다.

"엄마는 너만 할 때 나무 그늘에 누워 바람을 맞았어. 매일 친구들과 숲속으로 뛰어갔지. 아까시나무로 파마도 하고, 알밤과 도토리도 주워 주머니에 가득 가득 담았는데……. 들려주고 싶어, 그 이야기. 엄마가 어린 시절을 어떻게 보냈는지."

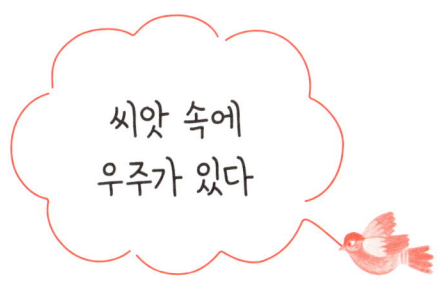

씨앗 속에 우주가 있다

💬 나는 개인적으로 기독교인이기에 '태초에 하나님이 천지를 창조하셨다'라고 믿는다. 사전적으로 '자연(Nature)'을 정의하자면, '산, 강, 바다, 식물, 동물 등과 같이 사람의 힘이 더해지지 않고 스스로 존재하거나 우주에 저절로 이루어지는 모든 존재나 상태'를 말한다. 어찌 되었든 유아교육에서의 자연은 자연물을 뜻하는 물리적 환경이라고 할 수 있다.

아이들은 모두 다르게 태어나고 다른 환경에서 자란다. 마치 씨앗과 같이 각자 독특함을 지닌 채 특별한 목적을 가지고 이 땅에 왔다. 이런 아이들에게 획일적인 교육 내용으로 줄 세우기를 하는 우리 사회는 아이들 저마다의 독특함을 무시하고, 개인의 권리를 빼앗는 것이나 다름없다.

아이들은 놀이를 통해 가장 잘 배운다. 놀이를 통해 웃고, 즐거워하며, 만족감을 느끼고 일상의 어려움을 유연하게 극복한다. 자연에서의 놀이는 자신의 감정과 흥미를 표출하고, 억압된 감정을 해소시키며, 또래와 세상과 소통하며 성장하도록 돕는다. 또한 사람과 자연의 관계를 통해 공존의 삶을 이해하고 실천할 수 있게 인성 교육에 중요한 영향을 미친다. 온몸을 다해 자연과 활발하게 놀다 보면 자연에 대한 친밀함을 넘어 자연을 존중하는 태도까지 이른다.

🌱 텃밭 활동으로 즐기는 농사의 기쁨

2019년 말부터 시작된 코로나19 감염병은 보육 현장에도 많은 위기와 변화를 주었다. 먼저 바깥 활동을 전면 금지했고, 마스크를 실내에서도 모두 착용했으며 밥을 먹을 때에도 가림막을 설치했다. 매일 1시간 이상 실외 활동을 하는 것이 원칙이나 이조차 할 수 없었다. 아침에 등원하면 하루 종일 마스크를 쓰고 조용한 놀이만 할 수 있었다.

매주 숲으로 나가 놀던 아이들에게 이보다 더한 고문은 없었다.

아이들은 예민해지고 여기저기서 다툼이 일어났다. 대책이 필요하다는 결론에 이르렀고, 텃밭 활동을 통해 돌파구를 찾기로 했다. 자연으로 갈 수 없다면 자연을 어린이집으로 끌고 오는 방법이 최선이라 생각한 것이다.

프뢰벨은 '킨더 가르텐'이라는 용어를 사용하며 정원(Garten) 속에서 노는 아이들(Kinder)을 생각하고 아이들에게 놀이가 중요하다고 강조했다. 이러한 맥락에서 보면 유치원은 아이들의 기쁨과 즐거움을 위해 둘러싸인 토지를 의미한다고 볼 수 있다.

어린이집에서는 생태전환교육이라는 주제로 주변에 상자텃밭을 놓고 몇 가지 작물을 키워보는 활동을 진행하고 있었다. 하지만 전문적 지식이 부족한 나는 마음만 앞서서 매번 살리는 것보다 죽이기 일쑤였다. 아이들을 돌보는 것도 힘든데, 식물은 더 힘들어서 단난히 마음을 먹고 농사를 배우기 위해 '도시농업관리사' 과정을 시작했다. 80시간을 이수하며 흙과 물, 햇빛 그리고 작물의 특성과 병충해에 대한 아주 기초적인 공부를 하면서 하나둘 살리는 작물이 늘어났다.

이듬해에는 텃밭 활동이 아이들의 식습관과 수면에 미치는 영향에 대해 2년간 농촌진흥청과 공동 연구를 했다. 그리고 아이들에게 농사를 가르치기 시작했다. 이른 봄부터 아이들과 상토와 퇴비를 섞어 흙을 만들고 감자를 심었다. 여러 가지 씨앗을 파종하며 쌈 채소 모종도 심어 등·하원 길에 물을 주게 했다. 시간이 지나 작물이 자라자, 아이들은 하나둘씩 수확을 하며 숲에서 느끼지 못했던 또 다른 기쁨을 맛보았다.

상추는 마트에서 만들어지는 줄만 알았던 아이들은 흙에 씨앗을 심고 물을 주며 싹이 나는 과정을 아침저녁으로 지켜보며 눈망울이 환희로 가득 찼다. 도시에서 자란 대부분의 부모들도 아이들 덕분에 신기한 경험을 한다며 흡족해했다. 아이들이 생산한 상추와 쌈 채소를 처음엔 나누어 먹었으나 생산량이 많아지면서 어찌할까를 고민하기 시작했다.

채소 수확으로 경제 활동까지

"팔아요!"

아이들은 마트 이름을 정하고, 간판도 만들고, 가격표도 만들었다. 그리고 수확한 채소를 선생님과 부모님께 팔기도 하고, 미나리와 같은 작물을 이웃에게 나누어주기도 했다. 단순한 생산 활동이 소득으로 바뀌는 과정을 통해 경제 활동까지 경험하는 1년이 되었다. 그리고 1년 동안 모은 돈을 어디에 쓸지 또다시 고민에 빠졌다.

"어려운 사람을 도와줘요!"

아이들 입에서 나온 어려운 사람은 시대적 상황을 반영이라도 한 듯 코로나19 선별진료소 의료진이었다. 아이들은 의료진에게 편지를 쓰고, 간식을 포장하며 우리도 누군가를 도울 수 있다는 뿌듯함으로 행복해했다. 누구든 도움이 필요할 때 서로 돕고 살아야 함을 실천한 사례가 되었다.

이렇게 진행된 텃밭 활동은 동네를 변화시키기도 했다. 빌라가 많은 우리 동네는 녹지가 아파트단지보다 상대적으로 적다. 그러다 보니 동네에서 나무나 꽃을 보기가 쉽지 않다. 텃밭 활동에 자신감이 붙으면서 골목정원에 대한 꿈을 가지게 되었다. 어린이집 골목을 해바라기, 백일홍, 봉숭아, 세이지와 같은 꽃을 심고, 사이사이에 토마토, 가지, 오이, 수박, 상추, 들깨, 고추, 배추, 무 등을 심었다. 골목정원이 만들어지자, 아침저녁으로 골목을 지나가는 사람들이 매일매일 들여다보며 "참 잘 자란다"를 연발하며 관심과 사랑을 보였다.

이렇게 시작된 텃밭 활동이 5년 차를 맞이한다. 이제는 아이들이 모종을 어떻게 심는지 누구보다도 잘 아는 꼬마농부들이 되었다. 흙을 파고 물을 부은 후 모종을 심고 "잘 자라라, 잘 자라라!"를 연발하며 흙을 덮는다.

이른 봄에 심은 감자가 싹이 나고 잎이 나서 하얀 꽃이 피면 지나가는 사람들 입가에도 미소 꽃이 피었다. 꽃이 지고 잎이 노랗게 변해 시들해지면 이제 감자 수확 시기가 되었다는 것도 알게 되었다. 4월 초엔 당근, 열무, 시금치 순으로 씨앗을 심으며 씨앗의 생김새와 크기가 다름을 알고, 단순한 씨앗이 아니라 살아 있는 생명체임을 경험하는 시간이 되었다.

"신기해요. 조그만 씨앗에서 이렇게 싹이 나고 꽃도 피고, 열매도 생기고요."

아이들은 이런저런 의견을 나누며 텃밭 활동을 통해 관찰력이 발달하고, 생명에 대한 귀중함도 배우고 있다.

🌱 텃밭에 뿌린 씨앗이 품은 큰 세상

"씨앗은 신기해요. 다 비슷한 것 같은데 잎이 나고 꽃이 피면 우리가 다 다른 것처럼 씨앗마다 다 달라져요."

아이들은 텃밭 활동을 하며 이처럼 자연의 경이로움을 자연스럽게 씨앗 속에 우주가 있다는 사실을 깨닫는다. 작물이 자라날수록 관심과 애정도 더욱 깊어졌다.

4월 말쯤, 고추와 토마토, 가지 등 여러 모종을 심었고, 어느 정도 자라면 지지대를 묶어 비바람에도 쓰러지지 않게 했다. 첫해에는 배추 정도만 심어 김장을 했는데, 해가 거듭될수록 작물의 종류와 수확량이 늘어나 어린이집뿐만 아니라 주변 이웃과도 나누어 먹었다.

어린이집 상자텃밭에서 생산한 쌈 채소로 부모들과 팜 파티를 열어 비빔밥과 샐러드를 만들고, 여름에는 수박을, 가을이면 호박으로 호박전도 부쳐 먹었다. 가지를 못 먹던 아이들은 가지튀김을 해서 먹으며 식습관이 개선되었다. 토마토는 등·하원 시간에 하나쯤 따 먹을 수 있는 간식거리가 되었고, 체리세이지 꽃은 꿀벌처럼 꽃 속의 꿀을 빨아 먹느라 꽃이 남아나지 않았다.

이렇듯 코로나19 팬데믹으로 바깥 활동이 어려워 시작한 텃밭 활동은 어린이집의 또 다른 특색으로 자리 잡아 그 몫을 톡톡히 해냈다. 아이들은 올바른 식습관을 익히고 스스로 먹거리를 생산하는 생산자의 역할을 몸소 배웠다.

아이들은 더는 상추가 마트에서 만들어진다고 생각하지 않는다. 누군가가 씨앗을 뿌리고 열심히 가꿔서 우리 식탁에 올라온다는 것을 이해하게 되었다. 작디작은 씨앗이 결국은 우리가 살아가고 발전하고 평화를 지키는, 삶의 시작이라는 것을 알았다.

도시에서 농작물을 재배하는 도시농업은 제2차 세계대전에서 유래한다. 전쟁으로 먹거리 공급이 막히자 도시에 사는 사람들은 자기 집 정원이나 마을 공동 텃밭에 스스로 먹거리를 심어 생산

했는데, 그렇게 시작된 것이 도시농업이다.

  요즘도 크게 다르지 않다. 도시에 살면서 도시 근교에서 생산한 신선한 식재료를 먹거나, 내가 먹을 채소는 옥상이나 상자텃밭에서 스스로 가꿔 충당한다는 것이 도시농업의 과정이고 발전 계획이다. 이런 측면에서 본다면 우리 아이들이 하는 텃밭 활동은 단순한 놀이를 넘어 조금 더 전문적이고 구체적인 프로그램으로 진행되고, 분명한 목표도 있어야 할 것이다.

🌱 다음 세대를 지키는 일

  지금 전 세계는 환경 문제로 골머리를 앓고 있다. 기후위기로 환경이 파괴되고, 멸종된 동식물이 헤아릴 수 없으며, 인간의 생명까지도 위협받고 있다. 온실가스를 줄이는 탄소중립을 실천하지 않으면, 지구의 생존 자체가 위태롭고 경제위기와 식량난도 심해질 것이라 예측한다.

  전 세계가 하나의 시장이 된 오늘날, 우리는 다양한 먹거리를 지구촌 곳곳에서 편하게 얻을 수 있다. 식재료 수입을 통해 만들어진 빵이나 과자, 온갖 식료품이 언제든 원할 때 집까지 배송된다. 그러나 기후위기가 심각해지면 식재료 생산량에 변수가 생기고 가격이 올라, 지금처럼 수입하는 게 쉽지 않아 위기를 맞을 수도 있다고 학자들은 말한다.

산업화로 우리의 삶이 안락하고 풍요로워졌지만 결국 아이들의 미래를 담보로 한 것이었다. 우리 아이들이 기후위기로 인한 환경의 변화로 고통받지 않게, 반드시 탄소중립을 실천해 다음 세대를 지켜야 할 것이다.

최근에 채솟값이 폭등했다. 그 원인을 살펴보면 기후위기와 밀접한 연관성이 있다. 앞으로 이런 폐혜가 더욱 심각하게 와닿을 것이다.

아이들에게 필요한 환경 교육과 생태전환교육을 병행하는 것도 놓쳐선 안 된다. 그동안 우리는 자연을 누리고 정복하는 인간중심의 삶을 살았다. 이제는 지구의 현재 상태를 점검하고 냉정히 미래를 예측해야 한다. 전 세계인이 긴밀히 협력해 '생태적 사고'를 기반으로 삶의 전 영역에서 변화해야 한다. 그렇게 될 때 다음 세대인 우리 아이들의 안전한 생존을 보장받을 수 있다.

**내가 너를
보살펴 줄게**

마리아 로레타 기랄도 글
니콜레타 베르텔레 그림

그림책 《내가 너를 보살펴 줄게》로 씨앗의 위대함을
알려주고 싶은 아이에게 말 걸기

《내가 너를 보살펴 줄게》에 등장하는 씨앗은 예사롭지 않다. 넓고 넓은 세상에서 길을 잃고 방황하다가 온 지구의 보살핌으로 싹을 틔우고 나무로 자라나 열매를 맺는다. 이윽고 우람하고 풍성한 큰 나무를 보여줌으로써 자연이 이룩한 위대함을 느끼게 한다. 여린 생명을 상징하는 것은 씨앗만이 아니다. 알을 깨고 나온 아기 새가 있다. 아기 새가 태어나자 어미

새가 말한다.

"내가 너를 보살펴 줄게."

씨앗도, 아기 새도 어떻게 돌보냐에 따라 생사가 갈린다. 다행히 씨앗은 각기 다른 모성을 만나 보살핌을 받을 수 있었다. 덕분에 씨앗은 큰 나무로 거듭나고, 아기 새는 날갯짓을 하는 어른 새로 성장해나간다.

아이와 함께 이 그림책을 읽으며 작고 연약한 새싹을 정성껏 보살피자고 권해보자. 새싹은 줄기가 되고, 줄기에서 잎이 돋아날 것이다. 기다리면 꽃이 피고 열매를 맺는다. 아이에게 꼭 말해주자. 씨앗이 큰 나무가 되기까지 여러 번 기적을 보게 된다고.

"근사한 어른으로 자라날 우리 ○○처럼 이 씨앗도 그럴 거야. 씨앗 속에 우주가 숨어 있거든. 정말이야. 우리 함께 심어볼까? 물을 주고 햇빛을 받으면 새싹이 돋아날 거야. 대신 정성을 다해 보살펴야 해."

에필로그

100세 시대를 사는 요즘, 내 나이는 하프타임을 이미 넘어섰다. 인생을 등산에 비유한다면, 쉰 살까지는 산을 열심히 올라가느라 들꽃 하나를 제대로 감상하거나 맘 놓고 여행을 떠나보지 못했다. 그저 주어진 삶을 묵묵히 버티고 이겨내기 위한 수고가 더 컸다.

몇 년 전부터는 하산하는 느낌으로 인생의 랜딩(Landing)을 준비해야 한다는 생각이 마음 한구석에 자리했다. 그동안 나는 어떤 시간을 걸어오고, 지금껏 제대로 살아온 걸까. 앞으로 다가올 노년의 삶은 어떠해야 할까. 무엇을 버리고 무엇을 남겨야 할지에 대해 고민한 시간이 이 책에 담겼다.

오늘의 내가 있을 수 있도록 기도로 도와준 남편과 딸과 아들. 그리고 1세 아이를 입학시키고 5년을 함께한 행숲의 졸업생 부모들, 현재 함께하고 있는 재원생 부모들, 나를 웃고 울게 하며 어른으로 철들게 한 사랑하는 아이들, 매일 아침 아이들에게 부족하지만 진심과 전심을 다하겠노라 다짐하며 하루를 기도로 시작하는 선생님들과 출간의 기쁨을 나누고 싶다. 특히 "원장님 책에 너희의 그림을 넣고 싶어"라고 부탁했을 때 기꺼이 마음을 담아 그림을 그려준 믿음나무숲반, 은혜나무숲반 아이들에게, 정말 고맙다.

여기저기 배우러 다니느라 함께하지 못할 때 "이제 그만혀" 하면서도 나의 성장을 위해 기도해준 친구들과 기도의 동역자들에게도 고마움을 표한다.

기꺼이 추천의 글을 써주신 우리나라 상담심리학의 대가인 한국아들러상담학회의 노안영 교수님께 감사드린다. 나의 열등감을 남에게 들키지 않으려고 괜찮은 척하며 살아왔는데 '불완전해도 괜찮아!'라고 격려해주셨다. 그 따듯함과 아들러의 이론은 나를 변화시키고 더 나아가 사회적 관심까지 갖게 했다.

2012년 여름 '영성과 내면아이 치유' 집단상담을 통해 처음 오제은 교수님을 만나 지금까지 인연을 이어왔다. 내면아이 상담의 일인자이자 미국 서던캘리포니아 데이브레이크대학교 총장 오제은 교수님 또한 너무 흔쾌히 추천의 글을 써주셔서 깊이 감사하다.

'나 하나 바로 서자'라는 슬로건으로 대한민국의 엄마와 여성들을 위로하고 성장시키고 있는 그림책심리성장연구소 김영아 교수님께도 이 책에 선별된 그림책 감수를 맡아주셔서 감사하다는 인사를 전한다.

마지막으로, 부모의 사랑에 대한 확신 없이 평생 '혼자'라는 생각으로 고군분투한 나에게 찾아오셔서 끝없는 사랑으로 이끌어 가시는 하나님께 내 삶의 목적과 영광을 드리고 싶다.

지금 이 시간에도 자기 자리에서 맡겨진 아이들을 돌보는 대한민국 보육교사와 원장, 그리고 배운 적 없어 낯설고 서툰 육아를 하며 살아내는 이 땅의 부모 들에게, "부족하지만 힘내서 함께 해 보자"라고 "잘 하고 있다" "괜찮다" 격려하며 인사를 마친다.

감수의 글

 인간이라는 존재는 태어날 때부터 불안을 안고 나오기에, 그래서 늘 위태위태하다. 자궁을 벗어나 좁은 산도에 들어서는 순간부터 위태로운 상태를 유지하다가 마침내 맞닥뜨린 세상은 최초의 호흡조차 스스로 해내야 하는 만큼이나 만만하지 않다. 이처럼 불안은 인간이 느끼는 최초의 감정이자 사는 동안 자주 느끼며 평생을 따라다닌다. 그래서 불안이라는 감정을 잘 알고 조절하며 때로는 함께 놀 줄도 알아야 우리가 추구하는 행복을 맛본다.
 이런 힘을 기를 수 있는 시기를 프로이트는 5세까지라고 강조하면서 '결정론'을 이론화하기도 했다. 이후 반박하는 이론도 꽤 나왔지만 그럼에도 어린 시절의 심리적 안정, 애착의 중요성은 아무리 강조해도 지나치지 않는다. 그렇기에 영유아기의 중요성을 강조하고 안정적인 양육의 방법에 대한 수많은 논의가 있는 것이 아닐까.

영유아가 가지는 감정은 씨앗처럼 자리하는데, 누군가의 깊은 보살핌과 따듯한 환경의 상호작용을 거치면서 열매를 맺는다. 이 과정은 너무 중요하며, 때로는 자라는 과정에서 감정이 아프기도 할 것이다. 이때 바로 아픈 감정에 대해 호소하고 그에 맞는 치유가 이루어지면 좋겠지만 아이들은 표현이 서툴다. 때론 상처가 너무 깊어 어느 부분부터 손대야 할지 모르기도 한다. 이렇게 시간이 지나면 결국 상처는 곪아 터져버린다.

《그림책으로 아이에게 말 걸기》는 그래서 의미가 깊다. 각 장에서 마음 표현이 서툴 때, 마음이 베었을 때의 아이의 심리 상태를 살피고, 남과 달라서 받았을 상처까지 아우르는 구성이 좋았다. 마지막 장의 숲 연결 부분은 결국 자연과 어우러지는 인간 정신의 온전성을 잘 표현해주었다.

무엇보다 각 장의 주제에 맞는 다양한 관련 그림책을 소개해 아이와 이야기 나누는 부분이 돋보였다. 그림책을 매개로, 서툰 표현을 억지로 끄집어내기보다 아이가 어떤 장면을 눈여겨보고, 어떤 표현에 자기 마음을 얹어서 읽는지, 나아가 활동 연계를 통해 멈춤과 물러섬을 하는지 아이의 마음을 잘 들여다볼 수 있다.

전체적으로 아이를 양육하며 가질 수 있는 의문점들에 대해 저자의 풍부한 현장 경험과 사례, 이를 뒷받침해주는 그림책을 통해 전문적이고도 적절한 도움을 받을 수 있다.

한 아이를 키우는 데 마을이 움직이듯, 따듯함으로 무장한 집단 지성의 힘이 양육을 수월하게 한다고 믿는 나에게 윤숙희 님과의 컬래버는 의미 있는 작업이었다.

한국그림책심리학회장 · 그림책심리성장연구소 김영아

추천의 글

 모든 아이는 독특하고 열등한 존재로서 자신의 삶의 목표 추구를 위해 사회에 던져졌다. 아이가 성장해서 이 세상을 살아가는 생활양식(Life style)은 인생 초기에 부모나 양육자의 양육 방식에 따라 결정되기 때문에 부모와 어린이집 교사의 역할은 말할 수 없이 중요하다. 이런 점에서 두 아이의 엄마이자, 30여 년 동안 어린이집 원장으로 아이들과 함께 생활하면서 경험을 통해 저술된 윤숙희 님의 《그림책으로 아이에게 말 걸기》를 주저함 없이 추천하고 싶다.
 이 세상에서 가장 중요하면서도 어려운 일은 부모 역할이라고 한다. 저자인 윤숙희 박사는 부모 교육 전문가로서 아이들과 그림책을 통해 공감적 대화를 하는 방법을 구체적으로 제시하고 있어서 부모와 교사에게 큰 도움이 될 것이다.

정원에 있는 꽃나무가 잘 자라도록 주변에 잡초를 제거해주는 것처럼, 아이들이 민주시민으로 자신감과 책임감을 가지고 자라도록 부모나 교사는 민주적 가정과 민주적 교실을 만들어 양육하는 것이 필요하다. 저자는 아들러리안으로《그림책으로 아이에게 말 걸기》를 통해 궁극적으로 다음과 같은 세 가지 내용을 아이들에게 심어주기를 원하고 있다.

첫 번째는, 아이들과 공감적 대화를 통해 사회적 관심을 증진시키는 것이다. 아이들이 사회적 존재로 사회 구성원이라는 소속감과 타인에 대한 사랑을 가지게 하는 것이 무엇보다 중요하다고 본다. 개인심리학을 개발한 아들러는 사회적 관심을 정신건강의 준거로 여기고 사회적 관심이 낮은 사람을 심리적으로 문제가 있다고 주장했다. 따라서 부모나 교사는 아이들에게 사회적 관심을 가지게 해야 할 것이다.

두 번째는, 아이들에게 끊임없는 격려를 통해 용기를 가지고 생활하게 하는 것이다. 루돌프 드레이커스는 "식물에게 물과 햇빛이 필요한 것처럼, 아이들에게 격려가 필요하다"라고 주장했다. 용기의 반대는 두려움이다. 용기는 아이들의 활동을 촉진하지만 두려움은 아이들의 활동을 멈추게 한다. 따라서 부모나 교사는 아이에게 "너는 있는 그대로 충분해(You are good enough as you are)"라고 격려하며 불완전하고 열등한 존재로서 자신을 수용하고 사랑하게 하는 것이 필요하다.

세 번째는, 아이들이 상식에 부합하는 생각을 가지도록 하는 것이다. 아이는 누구나 개인적인 논리를 개발하면서 생활하게 된다. 이러한 아이의 개인적 논리가 공적 논리인 상식에 부합하지 않는다면 아이가 합리적 생각을 하도록 지도하는 것이 중요하다.

필자는 지험무애(知驗無涯), 즉 '지식과 경험은 끝이 없다'란 말을 좋아한다. 독자들이 《그림책으로 아이에게 말 걸기》를 통해 아이들이 민주시민으로 성장할 수 있는 지식과 경험을 확장할 지혜를 가지기를 소망한다.

전남대학교 심리학과 명예교수 노안영

《그림책으로 아이에게 말 걸기》는 아이들의 발달단계에 따른 눈높이에 맞춰, 어떤 그림책으로 아이들과 대화를 시도하면 가장 적절할지, 자녀 양육에 대한 귀한 정보를 알려주는 자녀교육 그림책 에세이다.

2012년에 '영성과 내면아이 치유' 집단상담 인도자로서 이 책의 저자를 만났고, 지금까지 귀한 만남을 이어오고 있다. 그는 상담전문가로 항상 자기 자신을 깊이 성찰하면서, 어떻게 하면 이 사회에 좀 더 희망적인 도움을 줄 수 있을까 모색해왔다. 이러한 저자의 진실한 노력과 염원이 《그림책으로 아이에게 말 걸기》에 고스란히 담겨 있다.

저자는 이 책을 통해서, 갓 태어난 영아부터 5세까지의 아이들을 위한 보육에 대해서 아주 귀한 통찰을 제공해주고 있다. 또한 상처받은 부모와 아이들을 좀 더 잘 이해하고 따뜻하게 격려할 수 있게 '그림책 대화법'을 통해서 자세히 보여준다.

우리 아이들이 좀 더 유연하고 쾌활하게 성장하도록 일선 현장에서 땀 흘리고 계신, 어린이집과 영유아 관련 선생님들과 원장님, 학부모님 들이 이 책을 꼭 한번 읽어보시길 추천한다.

미국 서던캘리포니아 데이브레이크대학교 총장 · 상담학 박사 오제은

0~5세 발달 단계를 격려하는 양육 대화법
그림책으로 아이에게 말 걸기

초판 1쇄 발행 2024년 11월 15일

지은이 윤숙희
펴낸이 유지서

펴낸곳 이야기공간 **출판등록** 2020년 1월 16일 제2020-000003호
주소 인천광역시 서구 승학로 406, A동 503호
전화 070-4115-0330 **팩스** 0504-330-6726
이메일 story-js99@nate.com
블로그 blog.naver.com/story_js2020
인스타그램 https://www.instagram.com/the_story.space/
유튜브 https://www.youtube.com/channel/UCGc7DD4pxilIHPBU-b-kX5Q
이야기공간스토어 https://smartstore.naver.com/storyspace

편집 김미영, 자온
일러스트 구립 행복한숲어린이집 영·유아들 도움 **디자인** 씨오디
마케팅 신경범, 우이, 육민애
경영지원 카운트북 countbook@naver.com
인쇄·제작 미래피앤피 yswiss@hanmail.net
배본사 런닝북 runrunbook@naver.com
전자책 제작 롤링다이스 everbooger@gmail.com

ⓒ 2024, 윤숙희

ISBN 979-11-93098-19-6 (03190)

* 이 책은 저작권법에 따라 보호를 받는 저작물이므로 무단 전재와 무단 복제를 금합니다.
* 책값은 뒤표지에 있습니다.
* 파본은 구입하신 서점에서 교환해 드립니다.